Inhalt

Schenk mir einen Regenbogen

Das Leben findet jetzt statt 7
Früher hast du mehr gelacht! 9
Blumen am Donnerstag 13
Einen schönen Abend wünsch' ich dir 16
Ich bin wie ein Sessel 18
Und woher nehme ich die Kraft? 21
Ich tue immer das Nächstliegende 22
Wenn ich an Yuriko denke 25

Feste, die vom Himmel fallen

Ein Mensch kann sich nichts nehmen 26
Sonntags ist alles anders 28
Der untere Rand der Sonne 31

Worte, die den Tag verändern

Was würdest du tun? 32
Gottes Sorgfalt 35

Die kleinen Hindernisse

Es geschieht viel, wenn ich nichts tue 37
Wenn mein Leben anders wäre 39

Ich möchte über meinen Schatten springen
Wo das Glück wohnt 41
Leer und ausgebrannt – was nun? 49
Gelassenheit – wie macht man das? 53
Ein Nachmittag – fast ohne Stress 58
Zwischen Familie und Beruf 62

Augenblicke des Glücks
Die Wunder-Diät 66

Ein Tag hat viele Gesichter
Mit dem Fahrrad unterwegs 71
Halt finden 72
Gegenwärtig sein 74
Wie viel Arbeit ist genug? 76
Warten und Hoffen 79
Eine Unterbrechung 81
Das Pausenzeichen 83
Was der Tag zerstreut, sammelt der Abend 86
Nichts wird mir fehlen?! 87
Leere Netze 90

Zum Geburtstag viel Glück
Rückblick auf ein Jahr 91
Danke, dass ich leben darf 92

Älter werden ist kein Spaß – oder doch? 94
Lob der Vergesslichkeit 95
Das Geheimnis eines langen Lebens 97
Ein ungewöhnlicher Rat 100
Mein Kreuz – ein Geschenk? 102
Ich will mich freuen 103

Ein unaussprechlicher Zauber
Ein ganz alltägliches Wunder 105

Mut des Herzens
Mut des Herzens 107
Herzenssache 108

So ist das Leben
Der letzte Tag im alten Jahr 109
Drei Geschenke 111
Nähe und Ferne 114
Wenn es nichts zu lachen gibt 117

Der Geschmack des Himmels
Der Kurzurlaub 119
Luft zum Atmen 124
Das Zitronenzimmer 127
Wenn Freude verloren geht 130

Fitness, die von innen kommt 133
Der Geschmack des Himmels 135
Wellness pur 137
Zeichen der Zuwendung 141

Das Leben findet jetzt statt

Genieße ich mein Leben eigentlich? Die Hausfrau und Mutter gehört zu den glücklichsten Menschen überhaupt, so könnte man meinen. Leise summend gleitet sie über den hygienisch glänzenden Boden ihrer Wohnung, spiegelt sich in den blanken Kacheln ihrer Küche, wo sie ihr gepflegtes Haar und die seidenweichen Hände bewundert. Mit gutem Gewissen stapelt sie die weich gespülte Wäsche. Schmutzige Fenster – sofern es solche gibt – verwandeln sich bei bloßer Berührung in sauber glänzende Scheiben. Glücklich, fröhlich und ausgeruht serviert sie ihrem von der Arbeit erschöpften Mann das Fertig-Gericht und reicht ihren Kindern Vitamine, die diese in Form von Margarinebrötchen dankbar ergreifen. Ist sie selbst einmal müde – was ganz unbegreiflich scheint –, helfen Frauengold und Melissengeist. Zu klagen wäre undankbar. Der Mann gibt seiner Frau einen Kuss – sichtbares Zeichen des Glücks! Der Mann, im aprilfrischen Hemd voll Frühlingsduft und Sonne …

In Hamburg regnet es seit fünf Wochen. Vielleicht kann ich deswegen der Reklame nicht glauben. Wir haben keine Maschine, die Einkäufe schleppt und Mülleimer leert, keinen Computer, der weiß, dass zwei Socken zusammengehören und beide wiederum in eine Schublade. Wir haben keinen Knopf, um Lärm abzustellen, Lärm von Kindern, die sich streiten und schreien, von Hunden, die bei jedem Telefonklingeln bellen, von Wellensittichen und anderen Freunden des Hauses.

Darum sinke ich abends müde ins Bett. Mein Gewissen ist nicht gut trotz weicher Wäsche und all der Vitamine. Ich denke: Wieder ein Tag geschafft! Ich war ungerecht und ungeduldig mit den Kindern. Das Essen war lieblos und in Eile gemacht ... Morgen will ich es anders machen.

Ist das Leben? Genieße ich mein Leben? Manchmal bin ich zu erschöpft für Freude und Dank.

Aber das Leben findet jetzt statt; nicht später, wenn die Kinder groß sind und ich mich freue, wenn sie einmal anrufen. Jetzt muss ich versuchen, aus dem bunten Tag kleine unverbrauchte Momente herauszuschneiden, in denen ich mich erhole und abschalte. Es hilft nichts, wenn ich bei all dem „Uneigentlichen" nach dem Eigentlichen schiele. Dieser bunte Alltag ist jetzt mein Eigentliches. Und es kommt darauf an, sagt Bonhoeffer, Gott zu finden in dem, was er uns gerade gibt.

Was wir brauchen, ist Gott zu glauben, dass dies jetzt der Ort ist, an dem wir leben und arbeiten und seine Güte erfahren sollen. Wir möchten große, bleibende Dinge tun. Luther sagt einmal: „Einen traurigen, verzagten Menschen fröhlich zu machen, ist mehr als ein Königreich zu erobern."

„Kleine Dinge sind wirklich klein.
Aber treu sein in kleinen Dingen, ist etwas Großes."
AUGUSTIN

Früher hast du mehr gelacht!

Susanne stellt das ganz nüchtern fest und geht in ihr Zimmer. Mich trifft das tief. In der warmen Badewanne kriege ich eine Gänsehaut, wenn ich daran denke, wie nervös und lieblos ich vorhin mit den Kindern war. Isabelle habe ich angeschrien, weil Anorak und Schal einfach von ihr abfielen – wie bei einer Schlange, die sich häutet. Die Stiefel lagen irgendwo. „Ich bin doch nicht euer Hausmädchen! Stell das ordentlich hin!"

Sie war so erschrocken, dass sie gar nichts sagte. Als sie mich nach einer Weile fragte, ob sie zu ihrer Freundin gehen dürfte, sagte ich nein! Es ärgerte mich, dass sie da lieber spielen wollte als zu Hause. Susannes Sachen liegen überall herum. Ich bitte sie zu fegen. Aber sie erledigt es so oberflächlich, dass ich noch einmal fegen muss. Ich bin wütend. Doch anstatt sie zu bitten, es besser zu machen, brülle ich sie an. Dabei ist sie es, die mir am meisten hilft.

Ich ärgere mich, dass sie das kleine Einmaleins immer noch nicht kann. Fehlen aber nicht mir Konsequenz und Geduld, es regelmäßig mit ihr zu üben? Jeden Tag. Es tut mir leid, dass ich Micha weggeschickt habe, als ich sein Wolfskostüm nähen sollte. Nur, ich war gerade so müde! Er wartete schon eine Woche darauf.

Trotzdem begriff er, dass im Moment von mir nichts zu erhoffen war, und sagte: „Ich möchte eigentlich auch viel lieber Clown sein. Dazu kann ich mir ja selbst Sachen aus dem Verkleidungsschrank im Keller zusammensuchen. Susi kann mir helfen." Sie tat es, und ein vollkommener Clown stand vor mir.

Ich dachte: Vielleicht ist es gut, wenn ich nicht immer alles für sie tue, dann werden sie selbst kreativ und aktiv. Aber Hannes fühlte sich im Stich gelassen, als ich ihm bei seiner Arbeit über die Indianer nicht half. Ich hatte einfach nicht die Kraft, mich neu in dieses Thema einzulesen. Er zog sich zurück, und mir blieb das schlechte Gewissen.

Manchmal kann ich nicht mehr. Dann wird meine Geduld hauchdünn, besonders wenn ich den Kindern vierzehn Stunden am Tag ausgesetzt bin und es draußen regnet.

An solchen Tagen denke ich: Wie schön wäre ein Acht-Stunden-Job! Man macht die Tür zu und ist allein. Aber ich bin nie allein. Vor dem Frühstück geht es schon unentwegt: Mammie??? Mammie!!!! Ich sehne mich so nach dem Alleinsein, dass ich es selbst schon als Unrecht empfinde. Ich habe doch vier Kinder gewollt! Ich liebe sie doch, alle!

Es hilft mir dann schon, wenn ich zwischendurch einmal auf dem Fahrrad nach Altona fahren kann, um beim Supermarkt Zahnpasta, Salz und Mehl, Margarine und Milch für das Wochenende zu kaufen.

Aber wenn ich an diesen Nachmittag denke … mich ekelt vor mir selber. Dabei liebe ich meine Kinder so sehr. Was wäre ich ohne sie? Mein Leben ist so eng mit ihrem verbunden.

Ich habe Gott so sehr um diese Kinder gebeten und mich so über sie gefreut, sie geliebt, versorgt, mich geängstigt, wenn sie krank waren, gewacht, bin nachts aufgestanden; ich habe sie getragen und getröstet.

„Herr, ich verstehe mich selbst nicht! Ich verachte mich. Verwirf Du mich nicht! Gib Du mir neue Kraft für ihre Wünsche und Fragen. Mehr Geduld, wenn sie streiten, Versöhnung und Frieden, wenn sie sich anschreien. Gib mir Gelassenheit und Heiterkeit. Ich bin für sie verantwortlich, aber sie sind Deine Kinder. Du hast sie so geschaffen, wie sie sind mit allem Mühsamen und Liebenswerten.

Dass ich sie nur nicht verderbe und nichts versäume. Ich rede so wenig von Dir. Wie sollen sie Dich kennen lernen? All die Zeit am Tag, was tue ich da eigentlich? So vieles! Aber was bleibt davon? Ich komme nicht zu dem, was ich eigentlich will. Weiß ich überhaupt noch, was ich will?

Manche Tage überrollen mich wie eine große Welle. Immer ist es Abend und dann gleich wieder Morgen.

Herr, gib mir mehr Wärme und Liebe und Verständnis. Gib, dass sie mir verzeihen und nicht an mir verzweifeln und aufgeben, weil sie denken: Es hat alles keinen Sinn!

Herr, es fällt mir schwer zu glauben, dass Du mich noch liebst."

Wir tun so, als würden wir ewig leben. Wie aber würde ich leben und mich den Kindern gegenüber verhalten, wenn ich wüßte, dass ich nur noch kurze Zeit zu leben hätte?

Als ich im Bett liege, lese ich noch ein Stück aus dem Bonhoeffer-Brevier. Eine Auslegung zu dem Satz aus der Offenbarung:

„Siehe, ich mache alles neu."

Fünf Worte nur, aber Worte, die Gott selbst mir sagt, zusagt. Ich brauchte nichts dringender. „Siehe, ich mache alles neu!" Wie betäubt vor Glück schlafe ich ein. Ich schlafe tief und fest. Und am Morgen ist alles Schwere und Beschwerliche von mir abgefallen. Wir haben einen schönen Tag zusammen.

Ich denke immer wieder: So hört Gott Gebete. Er hört „das Flehen der Elenden", wie es in den Psalmen heißt.

„Ich will den Herrn loben allezeit;
sein Lob soll immerdar in meinem Munde sein.
Meine Seele soll sich rühmen des Herrn,

dass es die Elenden hören und sich freuen.
Preiset mit mir den Herrn
und lasst uns miteinander
seinen Namen erhöhen!
Als ich den Herrn suchte,
antwortete er mir
und errettete mich
aus aller meiner Furcht.
Die auf ihn sehen,
werden strahlen vor Freude,
und ihr Angesicht soll nicht schamrot werden.
Schmecket und sehet,
wie freundlich der Herr ist.
Wohl dem, der auf ihn trauet!
Die Augen des Herrn merken auf die Gerechten
und seine Ohren auf ihr Schreien.
Der Herr ist nahe denen,
die zerbrochenen Herzens sind,
und hilft denen,
die ein zerschlagenes Gemüt haben.
Der Gerechte muss viel erleiden,
aber aus alledem hilft ihm der Herr.“
Aus Psalm 34

Blumen am Donnerstag

Ich habe Ihnen ein paar Blumen mitgebracht!", sagt Theos Sekretärin, als sie zum Mittagessen kommt. „Ach wie nett! Blumen an einem ganz gewöhnlichen Donnerstag!" Und ich denke weiter: Donnerstag, 3. April, kein besonderer Tag. Oder doch? Das Datum kommt mir irgendwie bekannt vor. Vielleicht hat jemand Geburtstag?

„Bitte, nehmen Sie doch Salat!"

„Noch etwas Saft?"

Dritter April? Jetzt weiß ich es: Wir haben heute Hochzeitstag! Und Theo hat es vergessen! Ich zwar auch. Aber es ist ja seine Sache, mir einen Blumenstrauß mit Kuss zu überreichen. Ich denke da ganz altmodisch. Statt dessen lädt er seine Sekretärin zum Essen ein.

Ich sage also ganz beiläufig zur Sekretärin: „Das passt eigentlich gut mit den Blumen! Wissen Sie, wir haben nämlich heute Hochzeitstag!"

Das war unfair. Mein armer Mann! Schnell sage ich deshalb: „Wir haben es beide vergessen."

Später nehmen wir uns vor: Wir feiern spät abends, wenn die Kinder im Bett sind, ganz allein. Wir gehen zum Griechen essen, und da reden wir weder von der Arbeit noch von den Kindern, nicht von der Mission und auch nicht von Konferenzen…

Wir sitzen in der kleinen Kneipe „Kreta". Es ist gemütlich, eng, laut und verqualmt. Vor Rauch sieht keiner den anderen, und vor Lärm hört keiner, was der andere sagt. Richtig schön. Wir sehen uns die lange Speisekarte an. Vor siebzehn Jahren waren wir zusammen in Griechenland gewesen.

„Ich nehme Nr. 4", sagt Theo.

„Ich auch. Johannes braucht neue Schuhe!"

„Schon wieder?“

„Ja.“

„Zweimal Schafskäse, bitte! Und eine Flasche Retsina.“

„Als Vorspeise?“

„Nein, als Hauptgericht.“

Wir genießen den Abend mit der Musik und den Leuten um uns herum, mit denen wir nicht reden müssen. Überhaupt reden wir nicht viel.

Theo streicht mit seinen Händen über meinen Handrücken:

„Würdest du mich noch einmal heiraten?“

„Du! Das weißt du doch!“

„Ja, aber sag es ... !“

„Natürlich. Immer! Schade, dass man dich nur einmal heiraten kann.“

Wir lieben uns und brauchen uns sehr. Aber wir sagen selten: Ich liebe dich! Wir wollen es wieder sagen, nicht nur denken, auch wenn wir nun sechzehn Jahre verheiratet sind. Und Blumen am Donnerstag – das wäre schön! Ein Luxus, aber schön. Im Oktober feiern wir einen zweiten Hochzeitstag. Den Tag im April, weil wir geheiratet haben, und den im Oktober, dass wir noch verheiratet sind. Wir sehen so oft um uns herum, und manchmal auch an uns selbst, wie wenig selbstverständlich das ist. So manche Ehe ist wie ein Feuer, das langsam ausgeht. Wir finden: Ehe ist etwas zu Großes, als dass man sie einfach unbeachtet lassen könnte. Ehe ist zu kostbar, um nur einmal im Jahr dankbar daran zu denken, dass Gott uns damals seinen Segen verheißen hat – verborgen oder sichtbar erfahren – und dass bei allem, was wir versäumen und vergessen, Segen nicht aufhören kann.

Und manchmal koche ich ein schönes Essen mitten in der Woche nur für uns beide.

Und manchmal, wenn ich am Schreibtisch sitze, kommt Theo und fragt: „Soll ich dir ein Stück Brot streichen, oder zwei? Etwas zu trinken dazu?“

„Ja, gern.“

Wir brauchen das. Es macht dann nichts, dass Theo für Tage oder Wochen wieder auf Reisen ist. Ehe ist ja kein ständiges Aneinandergekettetsein, sondern ein Glück, das man hüten muss, nicht ängstlich, aber liebevoll und sorgfältig. Ein Sehen mit den Augen des anderen: Was braucht er jetzt? Und genauso: Du, ich brauche dich jetzt! Und ich schenke dir etwas; nicht, weil du es brauchst, aber weil ich an dich dachte, als ich es sah.

Dass wir uns gegenseitig erfreuen und helfen, dazu hat Gott uns die Ehe geschenkt. Dass wir uns ermutigen für den oft so mühsamen Tag, den wir gemeinsam oder getrennt jeder mit seiner Arbeit verbringen. Damit der andere sein kann, was er sein möchte, und zu seinem Recht, vor allem aber zu seinem Glück kommt. „Jonathan ging hin zu David“ heißt es (1. Sam. 23,26), „und stärkte sein Vertrauen auf Gott.“ Und ich weiß: Das ist der letzte Sinn unserer Ehe wie jeder menschlichen Gemeinschaft überhaupt.

Einen schönen Abend wünsch' ich dir

So sagte meine Schwägerin am Telefon. Sie hatte nach acht Uhr angerufen, weil dann ja die Kinder im Bett seien. Ich ließ sie bei ihrer schönen Vermutung. Immerhin später am Abend kam ich tatsächlich dazu, etwas zu lesen. Zum Beispiel, dass nur eine Mutter, die auf ihr eigenes Glück achtet, ihren Kindern zum Lebensglück verhelfen kann. Glückliche Mutter, glückliche Kinder! – Wer wollte dem widersprechen. Auch ich bin dafür!

Glück – das heißt für mich manchmal, wenn ich allein bin, ein Buch zu haben und es so lesen zu können, dass ich nicht dauernd den Faden verliere. Oder eine Platte zu hören, ohne dass jemand dazwischenfragt: „Und wann kann ich meine Platte hören?", oder dazwischenflötet: „Zizibe, Sonn' verschluckt den letzten Schnee ..." Glück, das heißt einen Brief ohne Eile zu schreiben und nur eine Sache zur Zeit zu tun.

Mein Glück dauert etwa sieben Minuten. Dann kommt Susanne aus ihrem Zimmer zurück. Es ist halb zehn inzwischen. Sie ist hellwach und aufgeregt: „Mammie? Meine Hyazinthe kriegt einen neuen Ableger! Wird das eine Blüte? Es sieht so komisch aus. Auf der Seite zum Licht hin ..." Also sehe ich lieber einmal nach. Eine neue Zwiebel bildet sich, zwei sogar! Das habe ich so auch noch nie gesehen. „Die Hyazinthe sorgt schon jetzt für die Blüte im nächsten Jahr, ist das nicht toll?"

„Ja, schlaf gut, Mammie!"

„Du auch."

„Mammie? Verträgt es der Hibiskus, wenn ich das Fenster etwas aufmache?"

„Nein, ich glaube nicht. Es sind zwei Grad unter Null, er schlägt gerade neu aus. Mach doch das Flurfenster auf!"

„Ja, schlaf gut!“

„Du auch!“

„Mammie? Das Flurfenster klemmt, weil wir es nie aufmachen. Kannst du es mal aufmachen?“

„Ja.“

Die Blumen haben Wärme, die Kinder frische Luft. Ich setze mich erneut an den Schreibtisch. Der Dackel möchte nach draußen. Kein Problem! Ich lasse ihn in den Garten, wie immer. Weil es ihm zu kalt ist, will er gleich wieder herein. Irgendjemand zündet noch einen vergessenen Feuerwerkskörper. Der schreckhafte Hund bellt. Er kann sich nicht wieder beruhigen. Micha wacht auf. Er hustet. Er hat wirklich Husten.

„Mammie? Gibst du mir mal Hustensaft?“

„Ja.“

„Nein, ich möchte lieber den aus der braunen Flasche, der schmeckt so wie die Kräuterbonbons, weißt du noch? Heute in der Reklame im Fernsehen …“

„Ja, also nun schlaf!“

„Ja, du auch!“

Der Dackel kratzt jetzt an der anderen Tür. Damit die Scharten nicht noch tiefer werden, mache ich schnell auf. Ihm war eingefallen, dass er da noch einen Knochen hatte. Er schleppt den Knochen ins Haus und frisst ihn krachend auf dem Teppich. Als er fertig ist, beseitige ich die Reste und mache das Licht auf dem Flur zum sechsten Mal aus. Der Dackel legt sich schlafen. Wenn Isabelle jetzt nicht wieder Nasenbluten kriegt oder ein Wellensittich Fieber, habe ich einen ruhigen Abend vor mir.

Um elf Uhr will ich den japanischen Spielfilm sehen: „Frau, sei wie eine Rose …“ Auch Micha scheint es um diese Zeit nach Poesie zu verlangen. Ich höre, wie seine Spieluhr spielt: Maikäfer flieg … Der Film ist langweilig. Vielleicht bin ich auch nur zu müde. Ich sollte ins Bett gehen! Aber ich bin doch nicht nur Köchin und Nachtschwester, Putzfrau und Schneiderin, Unterhalterin und Serviererin für meine Kinder! Doch nicht „nur"! Ich arbeite gern, viel und schnell, aber nur von Arbeit kann ich nicht leben. Ich brauche Pausen und Zeit für mich, ungestörte Zeit zum Lesen und Hören, Nachdenken und Beten – selbst wenn es spät ist. Sonst zerflattert mein Tag, die Zeit zerrinnt mir unter den Händen, und ich bin unzufrieden und ungenießbar.

Ich brauche ein Gegengewicht zu dem Hin- und Herlaufen, Aufstehen, Aufräumen und Ordnen. Wenn ich die Betten im Schlafzimmer machen will und dabei an den Kinderzimmern vorbeikomme, komme ich nie bis zum Schlafzimmer. Das ständige Umkehren und Unterbrochenwerden macht müde. Ohne auszuruhen, bin ich schnell erschöpft. Aber Gebet – die Kraft daraus – erhält mich.

Ich bin wie ein Sessel

Musst du denn jetzt – drei Tage vor der Konfirmation – noch anfangen, dein Sperrholzboot zu bauen?", sage ich zu Johannes. Er fragt zurück, ob es mir denn lieber wäre, wenn er wie die andern auf der Straße rauchen würde. „Nein! Ich dachte nur an die Späne und Farbflecke und so … "

„Sonst bist du doch immer so dafür, dass wir basteln und werken."

„Ja."

Ich bin wirklich dafür, dass sie spielen und ihre Phantasie entwickeln. Aber wer sammelt nach dem Schneiden, Kleben, Malen und Nähen die Schnipsel wieder auf? Auch Tiere sind wichtig. Aber wer versorgt sie, wenn die Kinder es vergessen? Kekse backen ist schön, nur wer kratzt den Kuchenteig vom Küchenfußboden? Und wer kauft ständig neue Zutaten ein? Überhaupt das Einkaufen! Es ist zur Zeit mein Alptraum.

Mitten in diesem Alptraum klingelt es an der Tür. „Du, ich war gerade in der Nähe", sagt Beate, „da wollte ich mal sehen, ob du zu Hause bist."

„Wie nett! Komm herein. Ich bin eigentlich immer zu Hause. Ich habe mir gerade überlegt, dass ich in den letzten drei Jahren, die wir nun wieder in Deutschland sind, allein zweitausend Liter Milch geschleppt habe: vom Laden ins Auto, vom Auto ins Haus und die leeren Tüten dann wieder in den Müll. Unglaublich – all die Lebensmittel, die durch die Mägen geschleust werden! Dann das Kochen und danach der Nachmittag mit den Schularbeiten, wo die Kinder ihren Launen freien Lauf lassen. Ich fühle mich wie ein Sessel, in den sich jeder fallen lässt..."

„Komm", sagt Beate, „wir machen uns erst mal einen Kaffee. Es ist so warm, wir könnten fast draußen sitzen!"

„Nimmst du Milch?"

„Ja, gern!"

„Entschuldige, ich wollte dich nicht so damit überfallen. Schließlich hast du mit deinen fünf Kindern ja noch mehr zu tun."

„Nein, das glaube ich gar nicht. Unsere Kinder sind ja älter und haben gelernt, dass ich nicht jederzeit für sie da bin. Heute Nachmittag zum Beispiel bin ich einfach weggefahren. Ich weigere mich, so etwas wie ein Sessel für alle zu sein. Ich finde, das ist nicht recht. Schließlich bin ich auch mal müde und habe meine eigenen Pläne und Wünsche. Darauf müssen sie Rücksicht nehmen. Weißt du, wenn ich jetzt auf alles verzichte, dann bin ich später, wenn die Kinder aus dem Haus sind, ganz leer und ausgepumpt und habe keine Kraft mehr für eigene Ideen und Vorhaben."

„Und schaffst du das? Ich meine, dass du zu deinem Recht kommst?"

„Ja, meistens. Die Familie hat natürlich Vorrang, aber ich stehe ihr nicht total zur Verfügung. Ich brauche gelegentlich den Abstand, dann kann ich sie wieder umso mehr genießen."

„Ja, du hast sicher recht. Nur – solange die Kinder noch klein sind, ist so viel zu organisieren und zu planen, bevor man wegfahren kann, dass es sich meistens nicht lohnt. Und eigentlich bin ich auch gern zu Hause. Da habe ich alles um mich herum, was ich brauche: Tische und Scheren, Papiere und Farben, Schreibmaschine und Nähmaschine, Flöte und Bücher ... , und ich schleppe ja auch nicht jeden Tag Milchtüten. Du, der Kaffee tut mir gut, und du tust mir auch gut."

„Trotzdem", sagt Beate, als sie wieder ins Auto steigt, „fahr mal weg. Lass einmal alles hinter dir zurück."

Als ich – eine Woche später – am Altonaer Bahnhofsschalter meine Fahrkarte besorgt habe, gehe ich zum Kiosk und kaufe vier kleine Mitbringsel für die Kinder. Der älteren Dame, die mir im Zug gegenübersitzt, erzähle ich von unseren liebenswerten, originellen Kindern, und zwar ohne dass sie mich danach gefragt hätte. Müttern ist eben nicht zu helfen!

Und woher nehme ich die Kraft?

Manchmal entspanne ich mich beim Fernsehen. Ich finde es so erholsam, wenn nur einer zur Zeit auf mich einredet und ich nicht einmal antworten muss.

So sah ich zufällig den Film über die Utomi-Indianer in Mexiko. Die Utomis unterziehen sich alljährlich während der großen Fiesta bestimmten Reinigungsriten. Mit Zweigen, die in geweihtes Wasser getaucht werden, wird die gläubige Menge besprengt. Denn: „Wer rein ist, dem kann das Böse nichts anhaben."

Mich faszinierte das. Wo gibt es das sonst: solch ein Abgeschirmtsein gegen das Böse? Solche Unverletzbarkeit und Gelassenheit? Geschützt und gewappnet gegenüber dem Unvorhergesehenen. Ich bin dem, was mich verletzt und betrübt, so wehrlos ausgesetzt.

Aber Reinigungsriten und rituelle Waschungen sind nicht meine Tradition und Sprache. Das Reinsein im kultischen Sinne ist für mich keine Möglichkeit.

Was macht mich stark und unverletzbar gegenüber Beleidigung und Unrecht, Schmerzen und Kummer? Ich bin nicht rein und werde es nie sein. Aber trotzdem sagt Gott: „Kommt her zu mir, die ihr mühselig und beladen seid, ich will euch neue Kraft geben."

Er sagt das, wo er uns einlädt an seinen Tisch; wo wir vor ihm knien und er uns reinigt; wo wir wieder aufstehen, weil es heißt: Gehe hin in Frieden, der Herr ist mit dir!

Keine kultische Reinheit, die uns unangreifbar macht, aber die Gegenwart Jesu, sein Geleit und seine Kraft, die sich darin als mächtig erweist, dass böse Erfahrungen nicht einfach an uns abprallen, sondern zum Segen werden.

Ich tue immer das Nächstliegende

Ich laufe, arbeite, ordne, ohne je fertig zu sein, und schiele nach den großen Dingen draußen: nach den interessanten Reisen, die mein Mann macht, nach den anregenden Gesprächen, die er mit Kollegen und Freunden führt. Er sieht und erlebt Neues. Bei seiner Arbeit kommt etwas heraus. Die Ergebnisse kann man sehen, und der Erfolg gibt ihm Schwung.

Wenn ich es geschafft habe – nachdem die Anoraks auf die Haken gehängt, Schuhe sortiert, welke Blumen versorgt sind –, endlich bis zum Schreibtisch vorzudringen, kommt ein langgezogener Heulton aus dem Garten: „Mammie, Torsten hat mir Sand ins Auge geworfen!"

Augen waschen.

Isabelle geht wieder in die Sandkiste, ich an den Schreibtisch. „Mammie, darf ich ein Buch mit in die Sandkiste nehmen?"

Micha ruft: „Ich fahr' mal eben weg. Wann soll ich wieder hier sein?"

Ehe ich antworten kann, geht das Telefon. Eine Mitteilung für meinen Mann.

Die Haustür. Eine Freundin kommt: „Du, ich hatte dich so lange nicht gesehen! Wie geht es dir? Was machst du gerade?"

„Ach, nichts Besonderes! Komm herein!"

Und mein Mann? Sicher, er wird auch gestört und unterbrochen. Aber er befasst sich mit einem bestimmten Thema oder Projekt, mit einem Aufsatz oder Seminar. Manchmal bin ich eifersüchtig und sage zu ihm: „Du hast es gut! Du machst die großen, wichtigen Dinge und ich den Kleinkram. Du hast die großen Ideen und Pläne, und ich schreibe Einkaufszettel!

Du kommst voran durch Gespräche und Diskussionen, Bücher und Vorlesungen, und ich sage hundertmal, jeden Tag wieder: Hast du die Zähne geputzt? Hast du dein Milchgeld? Wo ist der Turnbeutel? Ist der Dackel gefüttert? Hast du Flöten geübt?"

„Ja", sagt Theo, „du hast Recht. Nur, bei mir gibt es auch viel Kleinkram. Den gibt es überall. Und wenn ich bis an das andere Ende der Erde fliege. Bei mir kommt es auch darauf an, dass ich die kleinen Dinge sorgfältig tue, auch wenn ich müde bin und schon die zweite Nacht kaum geschlafen habe."

„Ja, ich weiß, wie müde man ist nach langen Flügen. Und ich weiß auch, dass es Vergänglichkeit und Vergeblichkeit der Arbeit, Monotonie der tausend kleinen Handgriffe in jedem Beruf gibt. Aber bei mir gibt es *nur* den Kleinkram. Jedenfalls sieht es manchmal so aus.

An anderen Tagen kann ich das alles auch wieder anders sehen. Da sehe ich all diese kleinen Dinge wie durch ein Mikroskop, wo auch das ganz Kleine, Unscheinbare bunt und schön ist, voller Leben und Vielfalt. Mein Herz ist solch ein Mikroskop. Wenn mein Herz singt und Gott für dieses Leben dankt, kriegt alles Farbe: Die Kinder – ohne die der Tag manchmal mühsam genug wäre – sehe ich als großes Geschenk. Wie viel gibt Gott mir durch sie!"

Isabelle stört mich zum fünften Mal. Sie klebt mir einen selbstgemalten Marienkäfer auf die Hand und sagt: „Den schenk' ich dir, damit du immer Glück hast!"

Micha will mir auch etwas Gutes tun und entleert seine Tüte mit dreißig Wasserbomben auf meinem Schreibtisch: „Du darfst dir eine aussuchen! Die Schönste! Nimm doch die gelbe, die ist wie die Sonne!"

Sonne und Glück.

Mein Bruder hat Recht: Ich habe Glück, dass ich vier Kinder habe. Nur habe ich nicht immer die Nerven für alle vier zugleich. Susi kauft sich darum schon lieber selber das Buch: „Eine Überraschung für Suse." Manchmal muss man sich selbst etwas Gutes tun.

Sicher, es ist so viel, was getan werden muss, ob ich Lust dazu habe oder nicht: Die aus der Schiene gezogene Gardine muss wieder aufgehängt werden, der Reißverschluss erneuert, die Küche aufgeräumt ... Aber zwischendurch kann ich tun, was ich gern tue: zum Beispiel Brot backen.

Ich genieße es, wie aus dem körnigen Brei langsam ein Teig wird, weich und klebrig, dann geschmeidig und schwer; wie ich drei lange Brote mit eingeritztem Muster in den Ofen schiebe und der Duft vom Brot das ganze Haus warm und gemütlich macht. Die Kinder können kaum warten, bis es gar ist.

Oder wenn ich nach dem langen Winter die ersten Stiefmütterchen pflanze. Wenn ich aus einem Stoff ein Kleid zuschneide ... all dies wird zu einem Teil meines Lebens, so dass wirklich jeder Augenblick mir gehört. Ich kann etwas tun mit meinen Händen, mich bewegen, etwas schaffen oder verändern, etwas ausprobieren, und all dies gehört zu meinem Leben.

„Dank ist eine Gewalt, vor der alle finstern Mächte weichen!", sagt Hermann Bezzel. Und Glück? Was ist Glück? Dankbar das Nächstliegende tun zu können, dabei die Marienkäfer und Wasserbomben nicht zu übersehen und abends todmüde ins Bett zu sinken und zu sagen: „Herr, ich danke dir für diesen Tag. Mache heil, was ich verdorben habe. Vergib meine Unzufriedenheit und Ungeduld. Lass mich besser lernen, von deiner Güte zu leben."

Denn: Fülle des Lebens, das heißt ja nicht nur, etwas zu leisten und zu schaffen, sondern zu sein und zu leben. Aufmerksam und dankbar, verletzlich und sensibel und immer wieder anwesend zu sein vor Gott, an der Stelle, wo er gibt und wir empfangen.

Wenn ich an Yuriko denke

Sie wohnte mit ihrer Familie zwei Jahre neben uns. Wenn ich an sie denke, sehe ich sie vor mir, wie sie Weißkohl schneidet. Etwas für sie ganz Alltägliches und Selbstverständliches. Ich hätte ihr stundenlang zusehen können. Mit welcher Sorgfalt und Geschicklichkeit sie arbeitet. Schnell, aber nicht eilig, liebevoll. Jede Bewegung ist schön. Sie hält dieses aus dem Kohlkopf herausgeschnittene Viertel wie etwas ganz Kostbares. Nicht mürrisch oder gleichgültig, mit den Gedanken woanders. Sie ist ganz konzentriert, ganz bei der Sache: Sie schneidet wirklich nur Weißkohl.

Ich tue so oft zwei oder drei Dinge zugleich. Während ich koche, backt im Ofen ein Kuchen, der verbrennt, Waschmaschine und Spülmaschine laufen, und nebenher erledige ich etwas für die Kinder. Nichts wird gut. Ich bin erschöpft.

Aber wie Yuriko Gemüse schneidet, das ist schön. Sie arbeitet schnell, aber trotzdem geht eine Ruhe von ihr aus. Sie tut es gern, sie freut sich und ist dankbar: Sie hat dieses Gemüse für ihre Familie gekauft; sie wird ein Essen kochen. Ihr Mann verdient mit seiner Arbeit genug Geld, sie müssen nicht hungern.

Wenn ich Yuriko sehe, dann weiß ich: So möchte auch ich mit Dingen umgehen: sorgfältig, liebevoll, konzentriert. Und so ganz bei der Sache sein, die ich gerade tue. Dass ich fühle, wie ein Ding sich anfühlt. Wie erholsam wäre das! Ich wäre nicht erschöpft. Hetze und Eile verderben alles.

Nicht immer, aber manchmal wäre es möglich, nur eine Sache zur Zeit zu tun und ihr ganz zugewandt zu sein, so wie Yuriko, wenn sie Gemüse schneidet.

Ein Mensch kann sich nichts nehmen

Ich war seit Wochen voll Unruhe und Unzufriedenheit, weil ich mit meiner Arbeit nicht weiterkam. Ständig Störungen von außen, aber auch innerlich war ich blockiert. Was ich sagen wollte, sah ich nur wie im Nebel, es nahm keine Gestalt an. Ich hoffte auf ruhige Morgenstunden oder späte Nachtstunden, aber ich war nur müde. Beim Beten fehlte mir die Konzentration.

Drei Gäste hatten wir den Tag über, und als Micha und Isabelle im Bett lagen, sagte ich zu Theo, der sich noch mit einem indischen Pastor über dessen Arbeit unterhielt: „Du, ich nehme noch das Fahrrad und fahre eine halbe Stunde durch die Baumschulen hier."

Die Bäume sind erst fünf oder zehn Zentimeter groß; außer ein paar Gräben, Hecken und Kieswegen gibt es nichts. Aber es gibt über dem flachen Land einen weiten, offenen Himmel und viel Sonne – wenn sie scheint. Seit einem halben Jahr wohnen wir hier nun schon.

Es war ein warmer, sonniger Abend, Pfingstsonnabend. Ich freute mich so auf Pfingsten, ohne eigentlich sagen zu können, warum. Ich hoffte auf all das, was mir fehlte: Gottes Geist, Gottes Feuer, Gottes Liebe – all das, was ich mir selbst nicht nehmen und nicht machen kann. Und während ich so fuhr, sagte ich:

„Herr, ich warte auf Dich.
Ich brauche Dich so sehr.
Ich bin leer und müde.
Ich warte auf das, was Du mir geben willst.
Lass mich Deine Gaben nicht übersehen
und Deine Worte nicht überhören,
mache mich offen und aufmerksam für Dich.
Wie wunderbar hast Du alles gemacht:
Wie herrlich ist dieser rote Klee und die Taubnessel,
der gelbe Hahnenfuß und das Grün der Birke.
Das Lied der Amsel heute Abend.
Und ich kann das alles sehen und riechen und hören,
ich kann atmen und singen,
ich danke Dir dafür. Wie groß ist Deine Güte!
Herr, Du wirst auch mir geben, was ich brauche.
‚Lachen oder Weinen wird gesegnet sein' –
Herr, ich warte auf Dich, was Du tun wirst."

Alle Unruhe fiel von mir ab, ich konnte warten; gespannt, aber nicht angespannt, eher heiter-gelassen. Gott würde mir geben, was ich brauchte: Fülle oder Armut, wie er es will.

Am nächsten Morgen im Gottesdienst dann die alttestamentliche Lesung, Worte des 118. Psalms und der Vers, der mich seit meinem Studium begleitete und immer wieder aufstrahlte, wenn ich ihn am meisten brauchte: „Ich werde nicht sterben, sondern leben und des Herrn Werke verkündigen.“ Zuversichtlich konnte ich einstimmen in den Schluss des Psalms:

„Du bist mein Gott, ich will Dir danken, mein Gott, ich will Dich preisen.“

Auch Gottes Wort, das ich kenne und habe, kann ich mir nicht selbst nehmen oder sagen. Ich kann es nicht – zu jeder beliebigen Zeit – hören und lieben. Aber ich kann mit den Worten der Pfingstlieder bitten:

„O heiliger Geist, o heiliger Gott,
gib uns die Lieb zu Deinem Wort ...“
„Mehr uns den Glauben immerfort ...“
„Lehr uns den Vater kennen schon,
dazu auch seinen lieben Sohn ...“

Sonntags ist alles anders

Das Haus ist noch dunkel und still, auch die Wellensittiche schlafen noch. Ich setze mich an den Schreibtisch und schreibe im Schein der kleinen Lampe mit der Hand, damit das Klappern der Maschine niemanden weckt. Briefe und Notizen. Der Dackel liegt wie eine Schnecke aufgerollt auf dem Sofa; dort, wo er nicht liegen darf.

Losung und Lehrtext für heute: „Ich will dem Durstigen zu trinken geben aus der Quelle des Lebenswassers, umsonst“ (Offenbarung 21, 6).

Welch eine Zusage! Ich denke an das gottesdienstliche Gebet: „Herr, gib uns heute dein Wort, so wie du uns das tägliche Brot gibst“, und freue mich auf den Gottesdienst. Einen Brief will ich noch schreiben; einen, für den ich Ruhe brauche und Sorgfalt. Da kommt Susanne die Treppe herunter, ich brauche mich nicht umzudrehen, ich kenne ihren Schritt.

„Mammie??“, sagt Susanne, „ich habe solchen Hunger! Kann ich schon etwas essen?“

„Ja, geh doch in die Küche, und streiche dir ein Stück Brot. Aber sei leise, die anderen schlafen noch!“

Etwas später kommt auf Zehenspitzen Isabelle. Sie klettert auf meinen Stuhl zwischen Rücken und Stuhllehne und klammert sich an mich wie ein Koalabär. Halb schläft sie noch. Ich streichle ihren Arm, wir reden nicht, ich schreibe weiter.

Langsam wird es hell. Da kommt Micha. Er springt die letzten Stufen hinunter, guckt auf den Tisch und sagt: „Gibt es heute kein Frühstück? Ich komme zu spät zur Schule!“

„Micha, heute ist doch Sonntag!“

„Sonntag??? Oh!!! Keine Schule! Dann kann ich ja rausgehen aufs Eis!“

„Jetzt schon?“

„Ja, warum nicht? Es ist doch Sonntag, da kann man doch machen, was man will!“

Als Micha draußen ist, wird es wieder still. Isabelle hat sich zum Dackel auf das Sofa gelegt; sie ist mit Tipsy unter eine Decke gekrochen.

Später dann höre ich, wie Johannes in seinem Zimmer Gitarre spielt, erst leise und verschlafen, dann lauter:

„Morning has broken like the first morning, blackbird has spoken like the first bird ...“

Ein Lied, das wir alle lieben und oft gesungen haben. Und

ich weiß: Johannes denkt jetzt an den blauen Himmel und die heiße Sonne Neuguineas, an das Hochland mit den klaren Flüssen ..."

Draußen ist es grau und neblig, später soll es Nieselregen geben. Nur Theo schläft noch tief und fest, die Decke über den Kopf gezogen. Ich weiß, was ihn wecken wird: das Klappern der Tassen und der Duft von Kaffee und Brötchen im Ofen. Gleich wird er im Bad sein und beim Rasieren singen oder pfeifen: „Großer Gott, wir loben dich ..."

Das tut er oft. Und wenn wir ihn fragen: „Warum singst du gerade das?", dann sagt er: „Wie soll ich das wissen?" Wenn wir Micha dann draußen gefunden haben und alle am Frühstückstisch sitzen, singen wir einen Vers, den wir ohne Gesangbuch kennen, und stellen wieder fest, dass man vor dem Kaffee noch nicht singen kann; jedenfalls nicht die hohen Töne. Aber so wissen wir, dass es Sonntag ist, dass nichts eilt und nichts wichtig ist, außer dass die Brötchen nicht verbrennen und wir nicht wieder zu spät zum Gottesdienst kommen; einem Gottesdienst, der anfängt mit dem Lied:

„Tut mir auf die schöne Pforte, führt in Gottes Haus mich ein, ach, wie wird an diesem Orte meine Seele fröhlich sein. Hier ist Gottes Angesicht, hier ist lauter Trost und Licht."

Der untere Rand der Sonne

Der Tag war so turbulent heute; ich bin ganz erschöpft. So gehe ich noch einmal aus dem Haus und mache einen Weg über die Felder. Sie sind weit und grün; darüber schwere graue Wolken. Dann kommt ein Wind auf. Die Wolken ziehen über mich hinweg und geben am Horizont ein Stück Himmel frei. Der untere Rand der Sonne, tiefrot, wird sichtbar. Immer höher ziehen die Wolken, nun ist die Sonne ganz da. Ein großer, roter Ball, der fast blendet.

Alles ist in dieses Licht getaucht. Das Violett der Vogelwicke an der Hecke beginnt zu leuchten: blau-violett, hell, rosa …

Welch eine Verschwendung an Farben! Dabei ist es nur ein Unkraut, das man herausreißt, weil es alles überwuchert.

„Herr, wie herrlich hast du alles gemacht!
Diesen Himmel und diese Erde,
sogar dies Unkraut – wie schön es ist!
Dich selbst kann ich nicht sehen,
aber ein Stück Deiner Herrlichkeit:
diese große, rote Sonne!
Sie ist wie ein Zeichen Deiner Gegenwart.
Herr, ich danke Dir,
dass ich so vor Dir, in Deiner Nähe sein darf.“

Ganz langsam gehe ich, um dieses Glück dauern zu lassen. Aber dann schiebt sich eine Wolke vor die Sonne, und alles ist wieder grau. Der Wind wird kühler. Die Nacht kommt. Aber dass es diesen Augenblick und dieses Licht gab – wie eine Tür zum Himmel.

Ich bin hineingegangen und war zu Hause.

Ruhe und Frieden, die den Tag glätten.

„Wie soll ich Dir danken, Herr?
Ich könnte nicht einmal so etwas Geringes machen
wie dieses Unkraut – so vollkommen schön.
Aber ich könnte – solange ich lebe – sagen,
wie herrlich Du alles gemacht hast,
wie wunderbar Du tröstest
und wie Du Dich selbst schenkst.
Wenn Du es zulässt und mir Worte gibst, Herr,
könnte ich es vielleicht."

Wer glaubt, dem wird die Welt anders,
das Wasser trägt wie eine Brücke,
das Feste wird durchsichtig,
die stummen Tiere sprechen,
die Einsamkeit ist voller Stimmen.
HUGO VON HOFMANNSTHAL

Was würdest du tun?

Als Isabelle neue Blumen auf das Grab des Goldfisches stellte, fragte sie mich ganz unvermittelt: „Was würdest du tun, wenn du wüsstest, dass du morgen stirbst?"

Als ich mich von dem Schreck erholt hatte, sagte ich schnell: „Ich würde euch alle noch einmal zum Essen einladen!"

„Damit wir dich in guter Erinnerung behalten, nicht?", meinte Susanne.

„Ja, damit ihr euch freut!“

„Ich könnte mich doch nicht richtig freuen“, fand Micha, „aber ... wenn du es *dann* tun würdest, könntest du es doch auch heute tun, gerade weil du *nicht* stirbst!“

„Also, ich weiß nicht ... ihr könnt euch erst mal ein Eis kaufen, ja?“

Johannes, ihr großer Bruder, der bisher nur zugehört hatte, sagte: „Nein, aber im Ernst, was würdest du tun mit dem Tag heute?“

„Glaubst du, dass man das weiß, wenn es nicht der Ernstfall ist? Wüsstest du es denn?“

„Ich glaube, ich würde den Tag ganz normal verleben – wie jeden anderen –, ich würde vielleicht sogar Schularbeiten machen. Natürlich auch mit meinen Freunden zusammen sein, mit euch noch mal Joan Baez hören ...“

„Ich weiß nicht, ob ich die Ruhe dazu hätte. Ich würde eher losfahren und euch Kindern noch ein Paar Schuhe für den Winter kaufen, einen warmen Pullover für Vater ... verrückt, nicht?“

„Nein, typisch Mutter! Aber wenn du all das getan hättest – du würdest bestimmt auch noch das Loch in Michas Pinguin zunähen, damit die Reiskörner nicht immer ins Bett fallen – was dann?“

„Weißt du, ich könnte vielleicht gar nichts von all dem tun. Ich wäre wie gelähmt vor Trauer und Schmerz, und vor Schreck würde ich immer nur sagen: „Lieber Herr, nicht jetzt! Nicht morgen! In zehn Jahren sind die Kinder groß genug. Und Vater braucht mich auch! ... Und wenn es doch sein müsste – dann möchte ich wenigstens noch einen langen Spaziergang mit Vater machen und über all das reden, wozu wir sonst nicht kommen. Ich möchte ein paar Freunde anrufen und ihnen danken für das, was sie mir waren. Ich möchte noch große Musik hören: Bach, Jesu meine Freude. Einen Gottesdienst mitfeiern und ein Abendmahl, noch einmal hören: Für dich! Ich möchte noch Teile aus dem Johannesevangelium lesen, Kapitel acht und einundzwanzig ..."

„Du!", unterbrach mich Johannes, „das wäre aber ein sehr langer Tag! Denk mal, wie lange allein der Schuheinkauf dauert! Die Schuhe, die du willst, mögen wir nicht, und die wir mögen, passen nicht oder sind zu teuer. Also, das mit den Schuhen solltest du lassen! Aber ... warum würdest du gerade das Johannesevangelium lesen?"

„Das ist der Teil der Bibel, den ich am längsten kenne und ganz unmittelbar verstehe. Als ich so alt war wie du, hab' ich mal eine Auslegung zu Kapitel acht gehört: ‚Wenn Jesus, der Sohn, euch frei macht, dann seid ihr wirklich frei.' Ich habe es damals ganz anders verstanden als heute. Aber es ist immer mit mir gegangen, all die Jahre, und ich hoffe, dass es bei mir bleibt, auch im Ernstfall. Ich meine, dass Gott mir in seinem Wort so nahe sein wird, dass ich keine Angst habe."

„Merkwürdig, dass man das, was einem am wichtigsten ist, nur tut, wenn man stirbt! Eigentlich schade, nicht? Du, ich muss jetzt zum Fußballspiel nach Niendorf, du weißt doch ..."

„Ja, tschüs, Hannes!"

Langsam erhole ich mich. Richtig! Ich wollte ja noch bügeln!

Gottes Sorgfalt

Ich erinnere mich nicht mehr, worüber wir sprachen; es war eine Dienstbesprechung. Sechs oder acht Mitarbeiter trafen sich in unserem Haus, wir saßen am Tisch und tranken Kaffee. Einer fragte, ob wir uns in der neuen Umgebung gut eingelebt hätten. Ich sagte: „Ja, es gefällt uns gut. Die Nachbarn sind sehr freundlich und hilfsbereit. Gestern …"

Als ich bei diesem zweiten Satz war, hörte keiner mehr zu. Ich brach mitten im Satz ab. Keiner merkte es. Ich war verletzt und erschrocken und dachte: Sind wir so erschöpft und übermüdet vom vielen Zuhören, dass wir nichts mehr aufnehmen können? Dabei sind wir selbst so angewiesen auf Sorgfalt und Aufmerksamkeit. Wir brauchen es, dass einer uns zuhört und wirklich ganz dabei ist und nicht schon an das Nächste denkt.

Aber wie wenig schaffe ich selbst es – bei Telefongesprächen oder bei der täglichen Arbeit. Das Essen ist lieblos und in Eile gekocht, es schmeckt nicht. Und der Brief, bei dem ich die Unterschrift vergaß, kann nicht zurückgeholt werden. Während die Kinder von der Schule erzählen wollen, räume ich schon den Tisch ab. Unaufmerksamkeit verletzt.

Gott weiß, wie verletzlich und verwundbar wir sind. Er liebt uns mit sorgfältiger Liebe und ungeteilter Aufmerksamkeit. Mit fast zärtlichen Worten heißt es von Gott in Bezug auf Jakob – und damit sein Volk – im „Lied des Mose" (5. Mose 32,10-12):

Er fand ihn in der Wüste.
In der dürren Einöde sah er ihn.
Er umfing ihn und hatte Acht auf ihn.
Er hütete ihn wie seinen Augapfel.

Wie ein Adler ausführt seine Jungen
und über ihnen schwebt,
so breitete er seine Flügel aus.
Er nahm ihn und trug ihn auf seinen Flügeln.
Der Herr allein leitete ihn.
Kein fremder Gott war mit ihm.

Gott findet mich auch da, wo mich keiner vermutet und sucht: in der Wüste. Und da redet er mit mir, damit ich am Leben bleibe. Aber manchmal höre ich seine Worte nicht. Verzagt und mutlos höre ich nur meine eigenen Gedanken und glaube ihnen. Bis Gott mich in meiner „Einöde" findet.

„Einmal am Tag brauche ich es", sagt Susanne, „dass ich ganz konzentriert und sorgfältig etwas tun kann, ganz ohne Eile. So wie Sarah und ich vorhin die kleine Brosche bemalt haben – dann bin ich glücklich."

Einmal am Tag etwas sorgfältig tun, weil dieser Tag nicht wiederkommt. Und vielleicht war es ein Tag, an dem Gott mir etwas sagen wollte, wenn ich zugehört hätte – sorgfältig und aufmerksam.

Du verstehst meine Gedanken von ferne.
Ich gehe und liege, so bist du um mich
und siehst alle meine Wege.
Denn siehe, es ist kein Wort auf meiner Zunge,
das du, Herr, nicht schon wüsstest.
Von allen Seiten umgibst du mich
und hältst deine Hand über mir.
Deine Augen sahen mich,
als ich noch nicht bereitet war,
und alle Tage waren in dein Buch geschrieben,
die noch werden sollten.
Aus Psalm 139

Es geschieht viel, wenn ich nichts tue

Heute Morgen habe ich nichts getan, aber ich war dabei, als eine Mohnblume sich öffnete. Sie stand vor mir auf dem hellen Holztisch. Jeden Augenblick dieses Wunders habe ich gesehen.

Noch sitzt die Hülle wie ein blassgrüner Hut auf der Spitze, noch hält sie die Blütenblätter zusammen, die sich immer mehr blähen – so wie ein roter Luftballon, den ein Kind aufbläst. Gleich wird die Blüte ihre Hülle absprengen. Aber lange geschieht nichts.

Ich möchte ein wenig nachhelfen. Aber ich weiß: Die Blüte hat Zeit, ihre Zeit. Nur mir fällt Geduld schwer. Könnte ich nicht inzwischen das Essen vorbereiten? Aufräumen? Die Post aus dem Kasten holen? Aber ich möchte diesen Moment nicht verpassen, ich möchte dabei sein, wenn die Blüte sich öffnet. Es ist schwer, nichts zu tun, nur zu warten. Wie übermütig ist das Rot dieser Blüte! Aber wie verletzbar ist sie! Ich wage nicht, sie anzufassen. „Wie wunderbar ist deine Schöpfung, Herr!"

Und ich habe Augen und kann sehen. Ich kann hören. So warte ich nun gespannt auf den winzigen Laut, wenn die Kelchblätter auf den Tisch fallen. Jetzt haben sie sich auch an der Spitze getrennt. Ihr Halt wird immer schwächer. Ob ich Licht einschalte? Das wäre wie Sonne. Blüten brauchen Sonne. Aber ich wollte ja nicht eingreifen.

Ein kleiner Ruck, ein Kelchblatt ist gefallen. Eine Hälfte der Blüte öffnet sich: langsam, zaghaft, als könne sie ihre Freiheit noch nicht fassen. Ich sehe die schwarz-violetten Staubgefäße – keiner vor mir hat sie gesehen – und die große Narbe des Fruchtknotens.

Nun fällt das zweite Blatt. Die Spannung in der Knospe wuchs und wurde zu groß. Wie zwei alte Kähne, schräg auf den Strand gezogen, so liegen die Kelchblätter nun vor mir auf dem Tisch; blass, gleichgültig und stumm, als hätten sie mit diesem Wunder von Blüte nichts zu tun – mit diesem Rot, das den ganzen Morgen füllt und wächst und größer wird. Faltig, zerknittert noch, wie das Gesicht eines Neugeborenen. Die Sonne erst wird die Falten glätten. Sie wird die Blüte öffnen für Wind und Insekten und sie verführen, sich schutzlos preiszugeben, ein offenes Gesicht gegen den Himmel.

Ich nehme die hellen, stacheligen Schalen in die Hand: Wie leicht sie sind, pelzig und borstig, abweisend fast. In der Nacht waren sie Schutz für die Blüte, die der Regen zerstört hätte.

Aber jetzt: Wertlos und welk, ohne Vorwurf liegen sie da. Schützen und Bewahren. Raum geben, wenn es Zeit ist: lautlos, farblos, unbeachtet. Und ich denke: Ob ich das auch kann? Ob ich die Kinder so loslassen kann, wenn sie ihre Wege gehen und meinen Schutz nicht mehr brauchen? Ob ich sie so klaglos ohne Anspruch und Besitzenwollen in ihr Leben entlassen kann? Ohne Traurigkeit und Angst? Und ob ich später so im Frieden sein kann, wenn am Ende keine Kraft zur Arbeit mehr da ist? Loslassen und mich fallen lassen – nicht in Leere und Vergehen – in die Hand dessen, der Sonne und Blume gemacht hat und der zu mir sagt: „Fürchte dich nicht! Ich habe dich in meine Hände gezeichnet. Du bist mein."

Herr, ich bitte dich um solche Gelassenheit!

Wenn mein Leben anders wäre

Das Flugzeug aus Köln hat eine halbe Stunde Verspätung. Also setze ich mich auf die breite Treppe gegenüber der Ankunftstafel und warte, bis das „Gelandet“ in roten Buchstaben erscheint.

Wie oft habe ich schon so auf meinen Mann gewartet! Ein ganzes Heer von Frauen wartet mit mir. Jetzt, zwischen 19 und 20 Uhr, landen die Flugzeuge fast alle zehn Minuten, freitags jedenfalls. Wie unterschiedlich die Frauen warten: Sie laufen nervös auf und ab oder stehen gegen Säulen gelehnt, auch frei im Raum. Manche sitzen gelassen in den schwarzen Kunstledersesseln. Andere haben sich ganz nah an die getönte Glaswand gestellt, die Zollabfertigung und Wartende trennt. Dort sieht man die Fluggäste schon, wenn sie aus dem Zubringerbus steigen. Die Frauen haben neue Kostüme und neue Frisuren, Blumen in Cellophan. Auch die Schuhe sind neu. Ich bin froh, wenn ich noch rechtzeitig aus dem Haus komme, wenn vor dem Tunnel kein Stau ist und ich sogar einen Parkplatz finde.

Das nächste Flugzeug (aus Frankfurt) ist gelandet. Die Männer kommen durch die Sperre mit sicherem Schritt, etwas weltmännischer als vorher – die Frauen etwas schüchterner. Sie kommen von Konferenzen und Tagungen, Geschäftsreisen oder Tourneen. Ihre Beiträge und ihr Einfluss waren wichtig, die Entscheidungen richtig oder auch falsch, aber man war dabei. Es gab neue Ideen und Anregungen – all das ist noch auf ihren Gesichtern. Es macht ihre Schritte größer und ihren Blick unternehmend.

Und ich denke: Wenn es umgekehrt wäre? Wenn all diese Frauen so viel Neues erlebt hätten: Erfolge und Niederlagen,

Fremdes und Bekanntes, und dann zurückkommen könnten dahin, wo alles vorbereitet ist und man sich auf sie freut, wo man gewartet und gehofft hat – wäre das nicht schön?

Aber könnte ich es denn? Könnte ich mich denn innerlich von den Kindern lösen und ganz auf eine Sache konzentriert sein? Ich käme mir vor wie ein Verräter. Bei den Männern ist es anders. Sie tun ihre Arbeit und ernähren damit die Familie. Es muss so sein, es ist ihr Beruf. Und wenn sie ganz zu Hause wären? Ganz bei den Kindern? Wenn ihr Leben sich zwischen Waschmaschine und Supermarkt, Küche und Garten abspielte, zwischen den Launen der Kinder und der Tagesschau, was dann? Ich glaube, sie würden wahnsinnig.

Darum stehen die Frauen da und freuen sich auf den Mann, der kommt: für ein Wochenende oder fünf Tage vielleicht. Auf ihren Gesichtern liegen Erwartung und Hoffnung, Vorfreude auf gute Stunden. Auch die Angst: Liebt er mich noch? Wird es wieder gut? Ob ihm das neue Kleid gefällt? Ob er es überhaupt bemerkt?

Das Flugzeug aus Köln ist immer noch nicht gelandet. All die Wartezeit! Wenn ich die Minuten und Stunden zusammenzählte ... Es ist doch alles meine kostbare Zeit, die nicht wiederkommt. Und wenn ich sie plötzlich geschenkt bekäme, all diese Zeit? Was täte ich damit?

Ich stünde schon ein Flugzeug eher da – hinter der getönten Scheibe, wo man die Passagiere zuerst sieht. Ich stünde auf Zehenspitzen mit leichtem Herzklopfen und wartete auf meinen Mann, weil ich ihn liebe.

Was wäre unsere Ehe ohne die vielen Abschiede und das Wiedersehen? Eine langweilige Selbstverständlichkeit. Ich würde ihn weniger lieben und seltener bitten:

„Herr, behüte ihn!“ Und ich hätte nicht so viel Zeit, um mit

Isabelle in Ruhe Tee zu trinken („Willst du Tropenfeuer oder Maracuja?“, fragt sie mich) und ihr beim rechten Rand des Puzzles zu helfen. Ich hätte weniger Zeit, am Schreibtisch zu sitzen mit Büchern, Schere und Papier. Ich bin froh, dass es nicht anders ist, mein Leben. Und manchmal verreise ja auch ich.

Wo das Glück wohnt

Versuch es mit einer Schnecke!“, riet mir Almut – über den Tisch ihres Dritte-Welt-Ladens gebeugt. „Das hilft! Meine Warze ist auch verschwunden! Eine schwarze Wegschnecke ... Du musst sie darüberkriechen lassen, ganz langsam.“

Seitdem suchte ich nach schwarzen Schnecken. Das ist, wenn man in der Großstadt wohnt, gar nicht so einfach.

Doch dann hatten wir am Wochenende eine Tagung in Bad Segeberg. In der Mittagspause gab es einen Spaziergang am See. Es wimmelte von Schnecken, sogar von der richtigen Sorte. Aber neben mir ging Professor Stiller und hinter uns zwei Oberkirchenräte. Wie sollte ich da Schnecken sammeln? Vielleicht am Sonntagmorgen; früh, wenn alle noch schliefen. Es war ein wunderschöner Tag, strahlende Sonne, kein Mensch weit und breit, aber leider auch keine Schnecke.

So ist das Leben!

Lächerlich! Diese ganz gewöhnlichen Wegschnecken gibt es ja auch in Hamburg, wenn es regnet. Und das tut es doch jeden Tag. Ich lief ein Stück durch die Baumschulen, sah schwarze Amseln und Saatkrähen, schwarze Hunde, schwarze Autos und schwarze Katzen. Aber die Katzen müssen die Schnecken gefressen haben. Keine einzige Schnecke! Das gibt's doch nicht! Nicht immer habe ich Glück und am wenigsten dann, wenn ich ganz intensiv danach suche.

Die Warze unter dem linken Fuß blieb. An Schmerzen, wenn sie nicht zu stark sind, gewöhnt man sich. Ich vergaß die Warze, es gab Wichtigeres. Eines Tages war sie verschwunden. Ich denke, sie hat es nicht ertragen, so wenig beachtet zu werden. Oder fürchtete sie sich vor Schnecken? Das Glück fiel mir zu, als ich gar nicht mehr damit rechnete ... Schmerzfrei auftreten zu können, ist das nicht ein großes Glück?

Aber kaum ist das eine Glück da, wünsche ich mir schon das nächste! Als ich am folgenden Tag mit Susanne in die Stadt fuhr – meine Tochter am Steuer –, sagte ich: „Hoffentlich haben wir Glück und finden einen Parkplatz!"

Susanne: „Ich habe immer Glück! Ich finde einen Parkplatz. Du musst nur an dein Glück glauben, dann kommt es."

Wir fanden einen Platz, ganz zentral. Auch beim Einkaufen hatten wir Glück. Es gab herrliche Sachen zu lächerlichen Preisen in einem Schnäppchenmarkt.

In ihrer Begeisterung und weil die Stadt so voll war, lief Susanne gegen ein Verkehrsschild, die scharfe untere Kante streifte ihren Kopf. Es tat so weh, dass ihr die Tränen kamen. Das Glück ist wohl doch kein sehr zuverlässiger Partner, plötzlich kommt Pech.

Doch abgesehen von den alltäglichen Glücks- und Unglücksfällen mit Schnecken, Parkplätzen und Schnäppchen, wünsche ich mir ja das große Glück, die große Liebe, das Gelingen meines Lebens im Ganzen. Nicht das Glückhaben – was hier und da auch nicht zu verachten ist –, sondern das Glücklichsein.

Hat aber gerade das nicht sehr viel zu tun mit: Begabung, Erfolg, Ansehen ...? Ich weiß es nicht. Goethe zum Beispiel, den wohl keiner erfolglos nennen würde, hatte häufig das Gefühl, ihm sei – genau besehen – wenig gelungen. So gestand er Eckermann: „Wenn er die glücklichen Stunden seines Lebens zusammenzähle, käme er nicht einmal auf fünfzig."

Bei aller Bescheidenheit, ich komme auf mehr! Und ich denke, Sie auch! Was zählt, ist vielleicht nicht die überwältigende Größe des Glücks – vor aller Augen offenkundig –, sondern was ich selbst als Glück wahrnehme, worüber mein Herz sich freuen kann. So wie Jean Paul es in seiner Novelle vom „Vergnügten Schulmeisterlein Maria Wutz in Auenthal" beschreibt:

„‚Vor dem Aufstehen', sagte Wutz, ‚freue ich mich auf das Frühstück, den ganzen Vormittag aufs Mittagessen, zur Vesperzeit aufs Vesperbrot und abends aufs Nachtbrot ... So hat ... Wutz sich stets auf etwas zu spitzen. ...'

‚War der Tag gar zu toll und windig' ... ‚Abends', dachte er, ‚lieg ich auf alle Fälle ... unter meiner warmen Zudecke und drücke die Nase ruhig ans Kopfkissen, acht Stunden lang.'"

Die Entschlossenheit zum Glück ist wohl ein Teil des Ganzen. Immer wieder auf Glück zu hoffen, es dann zu genießen und unverdrossen zu bleiben, wenn es auf sich warten lässt.

Das ist etwas anderes als die von der Werbung empfohlene Jagd nach dem Glück.

Ich habe glücklich zu sein! Und Glück, das sind: Jugend, Schönheit, Gesundheit und Geld, Bewundertwerden, Lachen, Erfolg. Und die Schattenseite? Sie ist kein Thema, denn:

„Glück ist machbar!“ – so stand es z.B. an den Hamburger Bussen. Unterschrift: „Ihre Hittfelder Spielbank!“

Glück als Geldgewinn? Warum nicht? Aber schon das ist schwierig, risikoreich und meistens erfolglos.

Dass Glück in Geld und gutem Leben liegt, würde der Schwarzhändler Lehmann heftig bestreiten, den Siegfried Lenz in „Lehmanns Erzählungen“ sagen lässt:

„Die Not ist meine schönste Zeit. Schon früh erkannte ich, welche Möglichkeiten der Mangel birgt ... Ich spüre eine gewisse schöpferische Erregbarkeit, sobald irgendwo ein quälender Bedarf besteht. Kurz gesagt: Armut ist mein höchstes Glück! In Zeiten des Überflusses stirbt die Phantasie, nichts wird uns abverlangt an Überlegung, an Abenteuer, an Ungewissheit ... Auf allen Gesichtern, die ich auf dem weißen Markt des Überflusses sehe, liegt die gleiche Freudlosigkeit ..., der gleiche Überdruss.“

Wie unterschiedlich sind die Ansichten über das Glück! Aber das soll mich nicht unglücklich machen. Ich kann ja im Lexikon nachsehen, was Glück in Wahrheit ist.

Ich suche – und habe Glück.

Die Auskunft leuchtet ein: Das Wort „Glück“ hängt mit „Luke“ zusammen. Bei der Luke – im Dachboden, zum Beispiel – ist wichtig, dass sie gut schließt, dass Luke (oder Klappe) und Öffnung gut passen. Darum sagen wir in glücklichen Momenten: Das passt gut! Oder, wenn etwas gelungen ist: Es hat geklappt! Auch: Es trifft sich gut!

Die Engländer sind mit ihrem Wort für Glück – good luck – noch etwas näher an der „Luke“ geblieben als wir. Sie sind anscheinend überhaupt bescheidener, was das Glück angeht:

„Sometimes you are lucky, the fog lifts and you can see the ram!“ (Manchmal hat man Glück: Der Nebel lichtet sich, und man sieht den Regen.)

Aber natürlich würden auch die Engländer zugeben, dass es noch größeres Glück als nebelfreie Tage gibt; nämlich dann, wenn sich nicht nur etwas gut trifft, sondern wenn ich einen Menschen treffe, der zu mir passt. Wenn ich auf Worte und Sätze treffe, die mein Leben erhellen, so dass mir ein Licht aufgeht. Wenn ich wahrnehme, was der Himmel mir an Glück zugedacht hat.

Wo Himmel und Erde, Gott und Mensch zusammentreffen, da ist das Glück so groß, dass wir von „Seligkeit“ sprechen.

Glücklich, glückselig sind Menschen, sagt Jesus, die in jeder Hinsicht so arm sind, dass sie ohne Gott gar nicht leben können.

Ein Dichter hat es vor vielen hundert Jahren einmal so gesagt: „Glücklich der Mensch, der nicht lebt nach dem Rat und Vorbild der Bösen und nicht sitzt im Kreis derer, die verächtlich von Gott reden. Sondern sich freut an Gottes Wort und Weisung, der Tag und Nacht darüber nachsinnt. Der ist wie ein Baum, gepflanzt an Wasserbächen, der seine Frucht bringt zu seiner Zeit, dessen Blätter nicht verwelken. Was er tut, das gerät wohl.“ (Aus Psalm 1)

Glück! Das heißt: Leben gelingt. Aber nicht aus sich selbst und nicht durch Zufall. Sondern weil sich der Mensch dort aufhält, wo es für ihn immer neue Lebenskraft gibt und neues Glück: bei Gottes Wort.

Und wenn ich das auch versuchte? Was käme an Glück dabei heraus? Was schenkt Gott mir?

Sein Wort lockt mich, ihm zu vertrauen; so sehr, dass ich

die ganze Last meines Lebens und Sterbens an ihn hänge und dann bei ihm aufgehoben bin.

Gott schenkt mir die Gewissheit, dass er hört, wenn ich zu ihm rufe, und dass er meinen Weg sieht.

Ich finde bei ihm Geborgenheit und Heimat. Psalm 94 sagt: Wie sollte Gott, „der das Ohr gepflanzt hat", nicht hören? Und „der das Auge gemacht hat, nicht sehen?"

Ein Leben unter den Augen Gottes, der nicht wie ein Buchhalter als erstes und einziges meine Fehler registriert, sondern der mein Leben und mein Glück will. Der mich deshalb ruft und fragt und bittet, in seiner Nähe zu bleiben, damit mein Glück nicht verloren geht.

Was Wolfgang Borchert 1945 geschrieben hat, gilt heute vielleicht noch mehr:

„Wir sind eine Generation ohne Heimkehr, denn wir haben nichts, zu dem wir heimkehren könnten, und wir haben keinen, bei dem unser Herz aufgehoben wäre. Wir sind die Generation ohne Abschied, ohne Glück, ohne Heimat, ohne Lieder, ohne Tiefe. Unsere Tiefe ist der Abgrund."

Leben ohne ein Zuhause erscheint sinnlos. Aber viele Menschen sind heimatlos, nicht nur äußerlich. Sie haben keinen Ort, an dem ihr Herz ausruhen kann. Sie hören nicht, dass Gott ruft: „Kommt her zu mir ... Ich will euch Ruhe geben!" (Matthäus 11,28.29)

Was muss denn geschehen, damit Menschen Gottes Rufen hören und seine ausgestreckte Hand sehen? Wohl nicht weniger als das Wunder, dass er selbst ihnen Ohren und Augen öffnet.

Und „einen Hunger ins Land schickt, nicht einen Hunger

nach Brot oder Durst nach Wasser, sondern nach dem Wort des Herrn, es zu hören" (Amos 8,11).

Ein Schüler fragte einmal seinen Lehrer: „Früher gab es Menschen, die Gott schauten. Warum heute nicht mehr?"

Der Rabbi antwortete: „Weil sich niemand mehr so tief bücken mag."

Wenn wir nach dem Glück suchen, greifen wir eher nach den Sternen. Alles Große und Hohe suchen wir „oben". Dort vermuten wir Licht und Glück, wohl auch Gott. Aber seit Gott in Jesus Christus als Mensch auf unsere Erde „herabgekommen" ist, sollen wir ihn nun „unten" finden. Er ist arm und gering geworden (zu Weihnachten singen wir: „… in unser armes Fleisch und Blut verkleidet sich das ewig Gut"), und er will sich von den Armen dieser Erde, von Elend und Not nicht mehr trennen lassen. Wir sollen ihn „unten", bei den Menschen, finden.

Wie das geschieht, bleibt sein Geheimnis. Aber wir können nicht übersehen, dass Jesus sich bei den Armen, Leidenden, den Zu-kurz-Gekommenen aufgehalten hat, bei denen, die nichts waren und nichts hatten. Seinen Jüngern tat er den niedrigsten Dienst: Er wusch ihre staubigen Füße. „Tut einander, was ich euch getan habe." – „Wenn ihr es wisst, selig – glückselig – seid ihr, wenn ihr's tut!" (Johannes 13)

Dort unten auf dem Boden, in Dreck und Schmutz, bei niedriger Arbeit, unbezahlt und unbeachtet, soll ich Gott finden?

Gott ist wohl oft da, wo wir ihn nicht vermuten. Er ist bei seinen Menschen, die er liebt. Bei seinem Wort, durch das er uns bittet, seine Menschen auch zu lieben. Und manchmal redet Gott auch in Träumen, wie bei Jakob. Als Jakob am

Morgen erwachte, dachte er: „Wirklich, der Herr war an dieser Stätte, und ich wusste es nicht ... Hier ist die Pforte des Himmels."

Wenn Gott mit uns redet, geht uns ein Licht auf. Es ist wie eine Tür zum Himmel. Obwohl es zunächst ganz anders erscheint, eher wie eine Zumutung.

Gestern sagte Micha, der während der Ferien als Aushilfe in einer Würstchen-Fabrik arbeitete: „Ich stehe da mit einem Türken zusammen am Fließband. Ein richtig netter Kerl. Er arbeitet wie verrückt, macht kaum seine Pausen, ist schon zwei Jahre in Deutschland, aber hat immer noch keine Wohnung. Weil er so wenig verdient und eben Türke ist, gibt ihm keiner 'ne Wohnung! Vielleicht können wir eine für ihn finden! Er muss doch irgendwo zu Hause sein!"

Isabelle hatte Besuch von Mirjam. Mirjam erzählte von einer rumänischen Familie, die jetzt nach drei Jahren ausgewiesen wird. Die Eltern und die ältere Schwester müssen zurück. Die jüngere Schwester – in Mirjams Klasse – darf in Hamburg bleiben, weil sie noch zwei Jahre bis zum Abitur hat. Aber wo bleibt sie? Wer nimmt sie auf? Wir?

Wir sind gerade dabei, zwei sehr kleine Zimmer zusammenzulegen, damit Isabelle endlich einen schönen Raum hat. Die älteren Geschwister sind ausgezogen, jetzt ginge es! Sie müsste ihr Zimmer dann teilen, was sicher Konflikte gäbe. Aber in meinem Herzen weiß ich: Im Verzicht wäre Gewinn, Teilen wäre Glück, weil es Gottes Wille ist.

Gott will mit dem, was er sagt, unser Glück. Auch wenn es wie eine Zumutung aussieht. Immer wieder wird Gott von seinen Menschen abgewiesen: Kein Raum! Kein Platz! Keine Zeit! Keine Kraft, sonst gern, aber leider ...

Wo ist Gott zu finden? Wo suche ich nach dem Glück meines Lebens? Glück nur für mich allein gibt es wohl nicht, das müsste in Isolation und Unglück enden.

Gott sagt: Liebe, verschwende und rechne nicht! Liebe und sorge dich nicht, gib ab, du kommst nicht zu kurz! Ich schenke dir mehr Glück, als du fassen kannst. Glaubst du das? Wusstest du, dass großes Glück so klein ist und so tief unten vor deinen Füßen liegt? So nah und so menschlich?

Leer und ausgebrannt – was nun?

Ich weiß gar nicht, wozu ich lebe!", sagt Micha, als er aus der Schule kommt. Er lässt sich in einen Sessel fallen. „Was soll das alles? Immer nur: arbeiten, essen, schlafen, arbeiten, essen, schlafen ... Das macht doch keinen Sinn!"

Die Sinnlosigkeit nimmt alle Kraft. Der Körper erschlafft, weil das Herz ihm keine Signale mehr gibt: keine Zeichen setzt, keine Ziele, keinen Anreiz, keine Freude. Es kommt nichts heraus bei aller Arbeit und Mühe. Ich bin entmutigt – leer und ausgebrannt.

Das so genannte „Burnout-Syndrom" erfasst Menschen aller Berufe: Schüler und Lehrer, Hausfrauen, Ärztinnen, Krankenschwestern, Pastoren, Facharbeiter ... Und gerade diejenigen, die einmal Feuer und Flamme waren. Es ist nicht nur die Ermüdung, weil alles zu viel und vieles zur Routine wurde, die Vision – das Ziel, das ich vor Augen hatte – ist mir verloren gegangen. Ich habe mich selbst verloren. Und Gott wohl auch. Er ist mir abhanden gekommen. Kein böser Wille!

Vor kurzem sah ich im Fernsehen den Film: „Das Herz aller Dinge“ nach dem Buch von Graham Greene. Er spielt in Afrika. Da geht ein älterer Kolonialbeamter in eine Kirche. Er setzt sich in eine Bank. Plötzlich steht er auf und geht zum Beichtstuhl. Er streicht mit der Hand über sein Gesicht, als wolle er alle Mühsal abwischen, und sagt: „Ich weiß auch nicht, was das ist ... Aber ich fühle mich so leer und ausgebrannt ...“ Nach einer Weile entgegnet der Pfarrer: „Manchmal ist das die Stelle, die Gott sich aussucht ... Beten Sie, wenn Sie können ...“

Beten. Das heißt: Ich darf Gott mein Herz hinhalten wie ein leeres Gefäß.

Leere, Melancholie und Kraftlosigkeit haben Menschen zu allen Zeiten geplagt. Es gibt ein altes Lied, das heute geschrieben sein könnte:

„Ich gehe krumm und sehr gebückt,
den ganzen Tag gehe ich traurig einher.
Ich bin matt geworden und ganz zerschlagen.
Ich schreie vor Unruhe meines Herzens.
Du kennst all meine Sehnsucht, Herr,
und mein Seufzen ist dir nicht verborgen.
Ich bin wie taub und höre nicht.
Wie ein Stummer, der seinen Mund nicht auftut.
Aber ich warte auf dich, Herr!
Du, mein Gott, wirst mich erhören!
Ich bin dem Fallen nahe.
Eile, Herr, mir beizustehen,
Du, meine Hilfe!“
(Aus Psalm 38)

Frau Wegner, die mich in ihren Depressionen oft anruft, sagt: „Hilfe und Kraft mögen bei Gott wohl sein. Aber ich bin auf der anderen Seite. Ein tiefer Graben trennt mich von ihm. Ich höre die Worte, aber sie erreichen mich nicht. Ich bleibe leer.

Wenn ich versuche, mich nach dem Himmel auszustrecken, dann geht es mir wie Tantalus mit den Trauben – der Himmel weicht zurück. Soll ich – verächtlich wie der Fuchs aus der Fabel – sagen: Die Trauben sind mir viel zu sauer? Großmütig verzichten? Aber wovon lebe ich dann? Es müsste doch gelingen, mich und diese Leere mit Gottes Kraft zusammenzubringen! Wenn es *mir* nicht gelingt – Gott müsste es doch gelingen! Und wenn er mir noch so fern ist." (Sie spricht mit fast tonloser Stimme.)

Es gelingt ihm manchmal auf sehr merkwürdige Weise, ganz anders als erwartet. Frau Wegner traf eine Frau, die Hilfe brauchte, weil sie im Rollstuhl saß. Eine Frau, die körperlich schwer behindert war, aber überhaupt nicht verzagt. Ich weiß nicht, worüber die beiden Frauen miteinander reden, aber wenn Frau Wegner von dieser Frau zurückkommt, klingt ihre Stimme zuversichtlich, geradezu fröhlich. Gottes Kraft in den Schwachen?

Immer wieder kommt Gott auf uns zu. Manchmal erkennen wir die Zeichen seiner Nähe – manchmal nicht! Es sind Worte oder Bilder, Menschen oder Ereignisse. Manchmal dringen seine Zeichen bis ins Herz und verwandeln Dürre in einen blühenden Garten.

Letzte Woche war in meiner Post eine Karte, eine Darstellung aus dem 13. Jahrhundert: Der grünende Stab Aarons. Ich kannte die Hintergründe dieser Geschichte nicht mehr so genau und schlug nach. Im 4. Mosebuch, Kapitel 17, wird erzählt, wie Gott Mose den Auftrag gibt, von den zwölf

Stämmen Israels zwölf Stäbe einzusammeln, darauf ihre Namen zu schreiben und sie dann vor der Lade mit den Geboten auf die Erde zu legen.

„Wen ich erwählen werde“ – das Volk Israel zu führen –, „dessen Stab wird grünen.“

„Am nächsten Morgen, als Mose in die Hütte des Gesetzes ging, fand er den Stab Aarons ... grünen, Blüten waren aufgegangen, er trug Mandeln.“

Der grünende Stab – ein Zeichen der Erwählung.

Aus dürrem Holz lässt Gott über Nacht einen grünen Zweig werden, der blüht und sogar Früchte trägt.

Sollte er das nicht auch mit mir tun können?

Zwar werde ich nicht erwählt, um ein Volk durch die Wüste zu führen, aber vielleicht dazu, meinen Weg durch viel oder wenig Wüste zu gehen und dabei zu erfahren: Gott ist ein Gott, der Müden Kraft gibt und ihnen sagt: „Fürchte dich nicht, ich habe dich erlöst. Ich kenne dich mit Namen, du gehörst mir. Wenn du durch Wasser gehst, will ich bei dir sein, dass du in den Strömen nicht umkommst.“

„Wenn du durch Feuer gehst, sollst du nicht verbrennen ...“ (Jesaja 43)

Leer und ausgebrannt?

Vielleicht ist das „die Stelle, die Gott sich aussucht“, um etwas ganz Neues wachsen und grünen zu lassen.

Etwas, das blüht und gedeiht und sogar Früchte trägt.

Ich darf Gott bitten:

Lass meine Leere und Dürre zum Ort der Begegnung mit dir werden! Ich halte mich an deine Verheißung: „Du wirst sein wie ein bewässerter Garten und wie eine Wasserquelle, der es nie an Wasser fehlt.“ Herr, ich warte auf dich!

Gelassenheit – wie macht man das?

So fragte mich vor einiger Zeit eine Frau nach einem Vortrag in Osnabrück. Sie hatte wohl den Eindruck, die Referentin da vorn am Pult sei ein ganz gelassener Mensch. Wie man sich täuschen kann! Wenn sie wüsste, wie wenig ich vor solchen Veranstaltungen schlafe. Wie oft ich Gott bitte: Nimm mir alle Eitelkeit und Angst! Es geht nicht um mich, sondern um dich und deinen Namen ... Sprich du selbst zu diesen Menschen!

Ich sagte: „Gelassenheit kann keiner machen oder sich antrainieren – sie ist ein Geschenk des Himmels!"

„Also hat sie einer, und der andere hat sie nicht? Ich kann nichts dazu tun?"

Ich dachte: Eigentlich hängt alles daran, ob ich Gott vertraue. Ob ich höre, dass er sagt: Sorgt nicht für euer Leben – euer Vater im Himmel weiß, was ihr braucht.

Manchmal bin ich ganz eingehüllt in diese Geborgenheit, aber an anderen Tagen sieht alles bedrohlich und ungewiss aus. Die Angst wird übermächtig, und alle Gelassenheit ist hin. Hektisch versuche ich, mein Leben abzusichern, hier und da ein paar Pfosten einzurammen in das weite unbekannte Feld, das vor mir liegt. Als ob das ginge! Bis ich zurückfinde zur Quelle aller Gelassenheit – zu Gott. Dann weiß ich, wie sehr meine Sorge ihn betrübt hat und wie es ihn kränkt, wenn ich den Himmel ausblende und nur aus dem lebe, was ich selbst bin und habe.

Laut sagte ich: „Doch, ich kann etwas dazu tun. Aber das lässt sich nicht in einem Satz sagen."

„Gut, dann gehen wir doch rüber in das Café. Ihr Zug fährt ja erst in einer Stunde!"

„Übrigens, mein Name ist Fenske. Bärbel Fenske, verheiratet, drei Kinder: zwei, fünf und acht Jahre alt!“

„Ja, da braucht man Gelassenheit! Aber wann nicht? Unsere Söhne und Töchter sind zwischen sechzehn und vierundzwanzig, da können gute Nerven auch nicht schaden. Sie sagen, wenn's manchmal kriselt: ‚Ganz locker bleiben! Entspann dich! Du musst das nicht so eng sehen!‘“

„Das wäre also Gelassenheit? Großzügig gewähren lassen, Vertrauen haben, nicht über-behüten? Schaffen Sie das?“

„Nein, meistens nicht. Ich habe eine große Begabung, mir alle möglichen Sorgen zu machen, auch ganz unsinnige. Auch um Dinge, die ich gar nicht in der Hand habe. Kennen Sie die schöne Geschichte über Karl Barth? Nein? Von ihm wird erzählt, in seiner Vorlesung hätte eine ältere Dame mit einem sehr auffälligen Hut gesessen – dekoriert mit Blumen und Kirschen. Sie bat den Herrn Professor, ihr zu sagen, wie es wohl im Himmel aussähe, damit sie sich dann dort zurechtfinden könne ...

Karl Barth soll geantwortet haben: ‚Gnädige Frau, machen Sie sich keine Sorgen. Wenn Sie dort diesen entzückenden Hut tragen, werde ich Sie ja sofort erkennen. Ich helfe Ihnen dann zurecht.‘“

„Wunderbar! Also keine unnötigen Sorgen! Aber es gibt ja auch berechtigte Ängste. Und es gibt den Stress, der sich nicht vermeiden lässt. Der raubt mir alle Gelassenheit.“

„Sicher. Gelassenheit bedeutet ja auch nicht, dass mich nichts erschüttern kann. Ich bin ja nicht aus Holz oder Stein. Aber vielleicht würde es helfen, sich dann und wann aus aller Hektik für einen Moment zurückzuziehen, um das, was einen plagt, vor Gott auszubreiten. Es ihm einfach zu sagen und ihm zu glauben, dass er hört. Wenn ich mich ihm überlassen kann, dann käme wohl so etwas wie Gelassenheit in mein Herz. Ein altes Lied hat ja die schöne Zeile: ‚... ihm sich lassen ganz und gar.' So wie Jesus zu Gott sagte: ‚Ich weiß, dass du mich allezeit hörst.' Das macht den Unterschied, denke ich, ob wir mit allem allein fertig werden müssen oder an einen offenen Himmel über uns glauben können."

„Sie meinen, das Beten ist der Schlüssel zur Gelassenheit? Aber dazu müsste ich ja erst an Gott glauben."

„Es gibt ein Gebet, das fast nichts voraussetzt: ‚Gott, wenn es dich gibt, dann höre mich, wenn du kannst.'

So könnte man vielleicht anfangen und dann warten, ob uns nicht von Gott her etwas Neues, bisher nicht Gekanntes entgegenkommt. Die Ahnung: Ich bin bei Gott aufgehoben mit all meinen Sorgen, und da bin ich in guten Händen."

„Das wäre also das, was ich zu meiner Gelassenheit tun könnte!? Ich werde es mal probieren ... Ach, du liebe Zeit! Jetzt haben Sie Ihren Zug verpasst! Sehen Sie, zu viel Gelassenheit ist auch nicht gut!"

„Stimmt! Aber in einer Stunde fährt der nächste!"

Wir zahlen. Frau Fenske begleitet mich noch zum Bahnsteig. Ihr Mann ist heute Morgen bei den Kindern, so kann sie ganz gelassen ihren Vormittag genießen.

„Bestimmt", sagt sie, „hat Gelassenheit auch mit Humor zu tun. Ich meine: mit einer guten Distanz zu mir selbst und den Dingen ... Aber das ist oft schwierig, ich habe alle Probleme so hautnah. Vielleicht können ältere Menschen eher gelassen sein als jüngere. Und sicher ist es auch eine Frage der Gesundheit, ob einer gut schläft und gute Nerven hat. Wenn ich glücklich bin, fällt es mir leichter, gelassen zu sein ... Da kommt Ihr Zug. Den lassen wir nun aber nicht wegfahren!"

Als ich im Abteil sitze und mich nach diesem langen Vormittag entspanne, kommen mir gute Gedanken zu unserem Thema. Im Halbschlaf oder Halbwachsein sehe ich alles viel klarer, aber dann habe ich meist keinen Stift und Schreibblock zur Hand. Später ist es wieder weg. Das muss ich wohl gelassen sehen.

Ich lese in dem schönen Buch von Elie Wiesel über den Chassidismus und finde zwei Sätze, die alles über Gelassenheit sagen:

Ein alter Rabbi, der in großer Armut lebte, bat Gott täglich: „Herr, gib mir doch, was ich zum Leben brauche." Aber er blieb arm. Seine Schüler sagten: „Hör auf mit dem Beten! Gott gibt dir nicht, worum du bittest." Darauf der Rabbi: „O doch! Er gibt mir Armut, und das ist offenbar das, was ich zum Leben brauche." (Sie stellen fest, dass dies mindestens fünf Sätze sind? Sehen Sie es gelassen!)

Der Rabbi kann in großer Gelassenheit hinnehmen, was Gott ihm als Leben zugedacht hat. Er weiß: Gott macht keine Fehler. Und vielleicht kann ich eigene Fehler, „Pannen, Pech und Pleiten", alles Unvollkommene und Unfertige bei mir und anderen gelassener hinnehmen, wenn ich daran denke, dass eines Tages, wenn „das Vollkommene kommt, das Stückwerk aufhören wird", wie Paulus es im 1. Korintherbrief sagt.

Die Vorfreude darauf ist ein guter Boden, auf dem Gelassenheit gedeihen kann.

P.S. Ein halbes Jahr später. Falls meine verehrten Leser noch die Gelassenheit haben, hier weiterzulesen, würde ich ihnen gern zwei neuere Einsichten zu diesem Thema mitteilen.

Erstens: Je einfacher wir leben, je mehr wir Unnötiges streichen, desto eher ist Gelassenheit möglich.

Nachdem wir uns nun entschlossen haben, in diesem Sommer nicht nach Griechenland, Schweden, Frankreich oder auf die Kanal-Inseln zu fahren, sondern einfach für ein paar Tage an der Ostsee entlang in Richtung Rügen, freue ich mich auf den Zauber ganz einfacher Zelt-Ferien. Nur ein Teller, ein Messer, eine Tasse pro Person! Und nur ein Glas Marmelade und ein Brot ... Aber das einfache Leben fängt damit an, dass ich Listen schreibe, einkaufe, packe und backe, wasche, repariere und lüfte. Denn der Mensch muss schlafen, vor Regen geschützt sein, sich waschen und Wäsche waschen, essen und trinken, Geschirr spülen, will bequem sitzen, will lesen, fotografieren und malen, Schlauchboot fahren und Cricket spielen. Auch unser Dackel braucht: Korb, Leine, Decke, Schüssel, Vorratspackung „Snacks für gesundes Hundeleben“ und Dosenfutter (Rind, Huhn, Kaninchen, Magen, Leber, Pute ...).

Ach – zu Hause bleiben wäre so viel einfacher! Wie kompliziert sind einfache Zeltferien! Aber wenn alles gepackt ist und wir abgefahren sind, wenn uns alles eingefallen ist, was wir vergessen haben, dann können wir uns so richtig entspannen.

Zweitens: Je sorgfältiger geplant wird, desto gelassener kann ich auf eine Reise gehen. So dachte ich. Aber nun, kurze Zeit vor dem Abflug – einem Flug über Kanada und Australien nach Papua Neuguinea, also vierzig Stunden Flugzeit –, kommen ganz plötzlich Ängste: Werde ich das lange Sitzen im Flugzeug aushalten? Wird meine Neuralgie im rechten Arm so plötzlich wieder verschwinden, wie sie gekommen ist? Werde ich ein wenig schlafen können?

Beim Aufräumen meines Schreibtisches fällt mir ein Notizbuch in die Hände. Da steht, als ich es wahllos aufschlage, der Satz: „Glauben heißt: sich Gott ausliefern und in allem ganz von ihm abhängig sein, alles von ihm erwarten.“

Dieser Satz war mir vor einem Jahr wohl wichtig, und heute schenkt er mir plötzlich eine große Gelassenheit: Wie wunderbar, ich bin in Gottes Hand!

Ein Nachmittag – fast ohne Stress

Susanne war am Telefon. „Sag mal, wir wollten doch in den Ferien noch einen Stadtbummel machen! Wie wär's denn heute Nachmittag?"

„Stimmt! Hab ich ganz vergessen. Es war so viel zu tun. Aber jetzt habe ich Zeit. Gerade heute ist der Termin für mein neues Buch um vier Monate verschoben worden! Ist das nicht herrlich?"

„Na wunderbar! Also halb drei bei mir?"

Als ich komme, steht heißer Tee auf dem Tisch. Ich lasse mich in den grünen Plüschsessel fallen, der früher einmal Tante Hedwig zur Entspannung verholfen hat ... Warum fühle ich mich in Susannes Zimmer so wohl? In diesem weißen Viereck mit zwei hohen Fenstern – Blick auf Dock 11 und Hafenstraße! Ist es die Atmosphäre? Nichts in diesem Raum gehört zusammen, aber alles passt zusammen. Die fremden Dinge haben miteinander Freundschaft geschlossen: drei aufeinander gestapelte Lederkoffer vom Sperrmüll, die beiden Holzkisten mit schweren Eisenbeschlägen – auch sie vom Straßenrand gerettet. Daneben das englische Bücherbord und ein alter Kleiderschrank – Geschenke eines Bischofs. Spiegel, Ketten, Leuchter und Lampen aus London, Austin und Hamburg – Antikmarktbeute und selige Erinnerung. Meine weiß-violetten Krokusse aus dem Garten passen gut zu dem Sammelsurium von braunen Medizinflaschen und -gläsern auf der Fensterbank.

„Sag mal, du bist so elegant! Die schwarze Seidenbluse und dein mexikanischer Silberschmuck ... Sieht toll aus!"

Ich dagegen falle etwas ab – im roten Wollpullover und den blauen Jeans ... „Aber wir wollten doch nur durch die Stadt bummeln!"

„Ja", sagt Susanne, „stimmt! Aber ich will es genießen! Wann haben wir schon mal Zeit dafür? So ganz ohne Stress und Einkaufsliste durch die Läden zu ziehen. Das macht doch Spaß! Ich dachte übrigens, wir fahren zuerst zu ‚Dieter am Speicher'. Gleich unten am Hafen beim Fischmarkt, und dann sehn wir weiter.

Die Speicherwand ist neu bemalt: „Exotisches aus aller Welt, Antikes, Maritimes!"

Und so ist es auch. Gleich am Eingang: geschnitzte Papageien und Affen, chinesische Zollstöcke und Kochgeräte, Bambusbetten, Deck-Liegestühle von alten Schiffen, Handstöcke mit Entenkopf oder Kakadu. Es gibt alles. Doch nichts davon kann ich gebrauchen. Den Papagei habe ich nämlich schon. Er hängt unter der Holzdecke unserer Veranda, so dass er uns beim Mittagessen zusehen kann. Gnadenlos starrt sein gelbumrandetes Auge auf unsere Suppenteller. Das muss man aushalten. Dafür kreischt er nicht. Gibt es Bananen zum Nachtisch, weitet sich seine Pupille – aber nur ganz wenig.

Nach einer Stunde haben wir aus diesem Viel-Völker-Basar zum Ausgang zurückgefunden. Das Tageslicht blendet. Wir fahren weiter in die Mönkebergstraße.

Wie schnell die Zeit vergeht: hier ein Blick, da ein Eis und immer wieder Frühjahrsmode.

Auf dem Rückweg zum Auto kommen wir an einem großen Kaufhaus vorbei, genau fünf Minuten vor halb sieben. „Komm, wir laufen schnell mal durchs Erdgeschoss. Das schaffen wir noch."

Im Schaufenster sehe ich einen Parka, türkisblau, ganz leicht. Genau so einen brauche ich, und er kostet nur neunzig Mark. Aber wir finden ihn nicht gleich. Stattdessen ertönt – ganz melodisch – ein Gong, der die Kunden sanft, aber endgültig aus dem Laden treiben soll. Er kann uns nicht daran hindern, noch schnell ins Kellergeschoss zu fahren. Kaum sind wir unten, wird die Rolltreppe abgestellt. Aber – tatsächlich! – an einem runden Ständer direkt vor uns hängt „meine" Jacke! Ich greife die richtige Größe.

„Wollen Sie damit noch zur Kasse?!!" Die Stimme des Abteilungsleiters ist mehr Drohung als Frage. Doch so schnell lasse ich mich nicht einschüchtern.

„Ja, wenn der Parka passt, nehme ich ihn! Gibt es einen Spiegel?"

„Dort! Aber schnell bitte!"

„Klar! Passt! Nehme ich!"

„Cotton" stand auf dem Schild. Baumwolle kann man immer nehmen. Zahlen. Tüte. „Bügel?"

„Ja, bitte!"

Rolltreppe – wieder angeworfen – und: Draußen sind wir! Hinter uns fällt das Scherengitter schwer in seine Bodenverankerung.

„Also, Su, ein bisschen Stress haben wir nun doch noch geschafft. Sonst hätte mir auch was gefehlt! Aber, du, das war ein toller Griff!"

Im Auto sehe ich, dass auf dem Etikett am Ärmel „Cottonlook" steht. Also Chemiefaser! Aber es fühlte sich nicht so an! In der Eile habe ich auch übersehen, dass dieses Kleidungsstück gar keinen Reißverschluss hat, sondern nur ein paar schwache Druckknöpfe. Was jedoch auf dem anderen Etikett stand, rührte mich tief und ließ alle Mängel dieser schnellen Beute vergessen. Auf Holländisch, Französisch, Englisch und Deutsch wurde mir mitgeteilt: ... dass seit vielen Jahren die Ingenieure von SOFINAL an der Entwicklung dieses Spitzenfabrikates arbeiteten. Die Engländer und Franzosen nennen es ein „miracle“, die Holländer sprechen von „wondermiddel“. Dieses „Wunder“ werde die Textilbranche revolutionieren! Noch nie zuvor war eine synthetische Faser einer Naturfaser so ähnlich!

Genau! Sonst wäre ich ja auch nicht drauf reingefallen!

Aber weil ich neunzig Mark nicht als verloren abschreiben will, entschließe ich mich, meinen Parka zu lieben. Zu Hause schneide ich als Erstes alle Schilder ab und führe mein Spitzenfabrikat der ahnungslosen Familie vor.

„Sieht gut aus! Toll! Und Baumwolle für den Preis! Glück muss man haben!“

Das finde ich ja auch: Glück und ein bisschen Stress!

Zwischen Familie und Beruf

Das klingt nach Hektik, Zerrissensein und Konflikt – und manchmal ist es auch so. Aber meistens ist es schön. Ich jedenfalls möchte es nicht anders, ich könnte auf keines von beiden verzichten. Allerdings habe ich das große Glück, freiberuflich arbeiten zu können. Wann ich am Schreibtisch sitze, wann ich in der Küche stehe – das kann ich selbst bestimmen. Allerdings nicht ganz so souverän, wie es klingt.

Heute Morgen hatte ich mir vorgenommen, an Manuskripten zu arbeiten. Ein Telefonanruf. Kein Problem! Ein zweiter Anruf. Gleichzeitig die Türklingel. Ich öffne schnell.

Meine Nachbarin braucht einen Liter Milch. Gern! Ich leihe mir ganz andere Dinge. Zurück an den Schreibtisch. Haustür: Ein Student möchte meinen Mann sprechen. Selbstverständlich! Zurück zum Schreibtisch. Jetzt will der Hund in den Garten. Isabelle hat vergessen, das Kaninchen zu füttern. Schnell eine Handvoll Gras und zwei Wurzeln. Und weil ich gerade im Garten bin, könnte ich ja auch gleich die Wäsche aufhängen. So, nun ist alles erledigt. Ich spanne ein neues Blatt in die Maschine. Mein Mann und der Student brauchen einen Kaffee. Wer würde das nicht verstehen? Leider ist die Kaffeedose leer. Ich fahre schnell zum Kaufmann. Halbe Stunde. Es ist ja immer noch Zeit bis zum Mittagessen. Kaum bin ich wieder im Haus, klingelt das Telefon:

„Ist dort Frau Dr. Ahrens?“

„Ja, das heißt: Nein! Worum geht es denn?“

„Trenkner hier! Ich habe gerade eine Ladung Orient-Teppiche durch den Zoll bringen können und verkaufe sie zu Räumungspreisen. Falls Sie Interesse haben.“

„Ja, falls ... kommen wir! Vielen Dank, wiederhören!“

Jetzt reicht's langsam! Aber etwas Zeit bleibt ja noch. Nein, leider doch nicht: Isabelle kommt eher aus der Schule zurück. Frau Fuchs ist wieder krank. Sie sollen zu Hause eine Englisch-Nacherzählung schreiben.

„Hilfst du mir? Außerdem ist mein Fingernagel eingerissen. Kannst du mir den mal schneiden? Da hat man kein gutes Gefühl."

Dem kann ich nur zustimmen, auch mein Gefühl wird immer schlechter. Trotzdem: First things first! Und ich habe ja eine Familie gewollt. Da muss man fair sein. Was ich am Schreibtisch wollte, weiß ich inzwischen sowieso nicht mehr! Und: Nicht immer sind die Vormittage so schlimm. Manchmal sind sie schlimmer!

An solchen Tagen wünsche ich mir, meinen Arbeitsplatz nicht im Haus zu haben, und gelegentlich bin ich ja auch auf Reisen, weit weg von Telefon und Haustür. Eine Leidenszeit für meine Familie, die dabei aber ihre Begabung entdeckt hat, selber Brote zu streichen und Nudeln zu kochen.

Früher, als unsere Kinder noch kleiner waren, war ich immer zu Hause. Sie brauchten mich ja von morgens bis abends, und ich war ganz eng mit ihnen verbunden. Kein Niesen oder Husten, Lachen oder Weinen entging mir. Die Erschöpfung war oft groß – ebenso der Frust, immer im Haus sein zu müssen. Aber ich wusste: Es kommen andere Zeiten, einmal werde ich freier sein. Diese Zeit muss ich mit List und Tücke, Phantasie und der Organisation kleiner Freiräume aushalten. Kleine Brötchen backen, und mit den Kindern kleine Schritte gehen. Wie schnell ist die Kleinkinderzeit vorbei – jedenfalls im Rückblick!

Jetzt sind nur noch Micha und Isabelle im Haus, und sie sind neunzehn und siebzehn. Und wenn die älteren Geschwister kommen oder anrufen, dann lasse ich alles stehen und liegen und fühle mich wie „Hans im Glück" in einer Glückshaut.

Mit dem Heranwachsen der Kinder wuchs meine eigene Arbeit. Das ist nicht in jedem Beruf so. Frauen, die auch mit kleinen Kindern voll berufstätig sein müssen (oder wollen), haben es viel schwerer. Da ist Stress an der Tagesordnung. Dauerstress macht krank. Er ruiniert nicht nur Nerven und Organe, sondern nimmt dem Leben allen Glanz, alle Tiefe und Freude. Er verzerrt das Gesicht und macht hässlich. Er lässt uns anders reagieren und anderes sagen, als wir eigentlich wollen. Auch unsere Worte werden hässlich.

Als ich bei einem Hamburger Frauentreffen einmal über das Thema „Stress" gesprochen hatte, kam eine Frau zu mir und sagte: „Wissen Sie, Zeit und Arbeit zu organisieren, gut einzuteilen, das kriegt man ja hin! Da lässt sich der Stress in Grenzen halten. Für mich sind Menschen, die in meiner Nähe leben, am anstrengendsten. Meine Schwester zum Beispiel! Wenn ich sie nur von weitem sehe, das ist Superstress! Sie raubt mir jeden Nerv. Wenn sie gegangen ist, bin ich fix und fertig und könnte vier Wochen Ferien gebrauchen! Bei anderen ist es der Partner oder die kranke Mutter, die nervige Nachbarin. Menschen auszuhalten – das kostet die meiste Kraft."

Ich konnte ihr nur zustimmen. Menschen sind anstrengender als Arbeit. Ihre Launen und Missstimmungen auszuhalten, ist schwer. Das Evangelium mutet uns zu: „Einer trage des anderen Last!" Aber es erlaubt uns auch gelegentlich zu sagen: „Nun kann ich nicht mehr! Ich brauche jetzt mal eine Pause, etwas Abstand und Zeit für mich."

Das ist kein unchristlicher Egoismus. Sonst kommen Hass-

und Wutgefühle auf, ich werde ungerecht und ungenießbar. Das schadet anderen – und mir.

Zum Thema Stress ist unendlich viel gesagt und geschrieben worden. Wichtig ist wohl nur herauszufinden, welches Maß an Stress *ich* vertrage. Wie groß ist meine Belastbarkeit? Kann ich noch schlafen? Mich noch freuen? Kann ich in Ruhe zuhören? Etwas tun, was keinen praktischen Nutzen hat? Oder ist alles rationalisiert und zweckgerichtet? Und wenn es so ist: Was könnte ich lassen, abgeben, streichen, um nicht alles und mich selbst zu verlieren?

Im Neuen Testament steht eine Frage zum Thema: Sinn und Unsinn des Lebens. Sie lautet: Was nützt es dem Menschen, wenn er alles gewinnt – die ganze Welt – und doch sich selbst verliert und an seiner Seele Schaden nimmt? (Matthäus 16,26; Markus 8,36; Lukas 9,25).

Was hilft mir der größte Erfolg im Beruf oder in der Familie, wenn ich so erschöpft bin, dass ich gar keine Kraft mehr habe, mich darüber zu freuen? Und keine Zeit, dem Himmel für so viel Glück zu danken?

Was hilft es mir, wenn ich unersetzlich bin, den ganzen Tag wichtige Gespräche mit Menschen führe, aber gar nicht mehr dazu komme, mit dem zu reden, der mir dieses Leben geschenkt hat? Wenn ich gar nicht mehr höre, was Gott mir sagen will? Was hilft mir alles, was ich gewinne, wenn ich keine Zeit mehr habe, den Himmel in mein Leben einzubeziehen? Wenn ich nur noch in meiner Arbeit vor mich hinwühle – dann bin ich wie ein blinder Maulwurf, der seine dunkle Umgebung für alles hält, was es gibt.

Dabei hat Gott mir so viel mehr zugedacht. Er möchte, dass Raum für Freude und Dank da ist, Zeit zum Hören und Reden, zum Spielen und Lachen.

Er will nicht, dass ich vor lauter Stress am Leben vorbeihaste und meine Seele verkommt.

Wenn ich sein Wort lese, dann lasse ich „einen Einspruch gegen mich selbst zu" und prüfe die Wahrheit meines Lebens „in einem fremden Spiegel" (F. Steffensky).

„Hört, so werdet ihr leben!", haben die Propheten in alten Zeiten dem Volk Israel gesagt. Es muss auch damals schon Stress und Irrwege gegeben haben. Darum sagt Gott: „Lebe vor meinem Antlitz! Sei ganz!" (1.Mose 17,1)

Er sagt dies zu Abraham, der seine eigenen Wege gegangen ist, Umwege aus Ungeduld.

Wenn Gottes Antlitz „mitgeht" und über uns ist, wenn seine Zuneigung bei uns Freude weckt, dann können wir „ganz" und ungeteilt sein, auch wenn der Stress uns manchmal fast zerreißt.

Die Wunder-Diät

Unsere bunten Teller sind leer. Weihnachten ist vorbei. Aber Marzipan und Schokolade bleiben – als Fettröllchen unter der Haut. Also: Eine Diät muss her! Aber welche?

„Ich weiß eine", sagt Jutta, meine Freundin, „eine, die garantiert wirkt! Gabriele hat damit zwanzig Pfund abgenommen! ‚Die Hollywood-Star-Diät', das ist so ein blaues Heft, kostet nur 12,80 DM! Musst du dir kaufen!"

Wieso muss ich? Wer zwingt mich denn? Keiner! Ich will es, ich selbst! Ob es Gründe dafür gibt? O ja, tausendfach!

Zwei davon liegen im April – familienintern. Dazu kommt, dass meine Leserinnen offenbar genaue Vorstellungen haben, wie ich aussehe: klein, zierlich, schwarze Locken. Also, das mit den Locken ist ein Volltreffer, allerdings nicht schwarz, sondern braun; braun-meliert (oder sagt man: grau-meliert?). Aber das Zierliche ist mein Problem, und darum muss ich abnehmen.

Ich gehe zu unserem Buchhändler, vorsichtshalber sofort. Da mehrere Kunden im Laden sind, sage ich halblaut – am Ende des Ladentisches: „Ich möchte ein Buch bestellen!"

„Ja, wieder was Theologisches?"

„Nein, diesmal nicht! Es heißt: ‚Die Hollywood-Star-Diät'."

„So, so", sagt Herr Meierhoff, „Sie interessieren sich jetzt für Hollywood!!!"

Er spricht – wie immer – laut und deutlich. Die Kunden sehen mich von der Seite an. „Also, mir ist es recht. Ich bestelle alles!" Herr Meierhoff genießt meine Verlegenheit. Und da er nicht nur Bücher verkaufen, sondern auch die Kommunikation zwischen den Kunden verstärken möchte – an der mir heute gar nichts liegt –, ist Hollywood ein geeignetes Thema.

Am nächsten Tag ist das Heft – computerbestellt – leider bereits da. Aber wir sind bei Görners eingeladen! Und morgen kommen die Schulenburgs! Eigentlich geht es nie! Also gut, die Einkaufsliste! Für alle Fälle bringe ich eine Tafel Schokolade mit. Ein neues Buch liest sich einfach besser, wenn man etwas Schönes daneben hat.

Ganz gemütlich liege ich auf dem Sofa und beginne zu lesen. Am wichtigsten sei die Bewusstseinsänderung, steht da, das Umdenken. Wie gut, ich dachte schon, Diät hätte mit dem Essen zu tun! Außerdem liege alles bei den Enzymen.

Auch das ist mir recht. Und dann das wunderbare Versprechen: „Sie werden nie Hunger haben. Streichen Sie dieses Wort aus Ihrem Sprachschatz!" Habe ich. So, und nun: „Willkommen im Land der goldenen Ananas!"

Das klingt nicht schlecht, aber etwas einseitig für meinen Geschmack. Auch andere tropische Früchte sind – jede zu ihrer Zeit – erlaubt. Die Wirkung sei überwältigend, ein Unterschied wie Tag und Nacht. Als Beweis ein Foto der Verfasserin, die alles selbst ausprobiert hat: vorher – nachher. Ich finde „vorher" besser. Etwas dicker, aber freundlicher. Vielleicht eine Sinnestäuschung! Ein letzter Versuch, meinem Verhängnis zu entgehen.

Wie tröstlich, wieder zu lesen, das Abnehmen fange nicht im Magen, sondern im Kopf an! Kein Problem. Ich halte mich für geistig flexibel. Ab sofort werde ich mein Denken ändern. Ich stelle mir einfach vor: Schokolade macht schlank. Alles psychisch! O nein! So einfach geht es nicht. Jetzt kommen Details und konkrete Anweisungen.

Apropos Schokolade! Wo ist eigentlich meine Tafel? Ach, nur noch das Papier – dann habe ich sie wohl gegessen. Das kommt davon, wenn man so mit dem Umdenken beschäftigt ist. Auch gut. Dann ist sie ja weg. Keine Versuchung mehr!

Jetzt werden meine Erzfeinde aufgezählt: „Lernen Sie Ihre Gegner kennen: Milch, Zucker, Salz, Joghurt, Käse!"

Das darf nicht wahr sein! Käse in jeder Form ist mein Lieblingsgericht! Auf Salz kann ich verzichten. Aber wieso keine Milch? „Kein Säugetier trinkt nach der Zeit des Stillens noch Milch!" Richtig! Aber eine erwachsene Kuh kann ja auch nicht in einen Laden gehen und sich Milch kaufen. Überhaupt, mich mit einem Säugetier zu vergleichen! Muss ich mir das gefallen lassen? Doch es kommt noch schlimmer.

„Wenn Sie etwas *jetzt* nicht essen dürfen, dann eben später ... jedenfalls verlässt nichts von all den Köstlichkeiten unseren Planeten."

Das ist es ja gerade: Alles ist da, nur ich darf nicht!

„Wenn Sie Gymnastik machen wollen, tun Sie es – nötig ist es nicht."

Der erste vernünftige Satz. Die Diät gefällt mir. Ich mag Sport, aber ich habe keine Zeit dafür. Anderes ist mir wichtiger. Der Diät-Erfinderin scheint es ähnlich zu gehen. Auch sie schreibt lieber Bücher.

„Holen Sie Ihre Waage wieder hervor, und sehen Sie der Wirklichkeit ins Gesicht."

Nun wird es unheimlich. Woher weiß diese Frau, dass meine Waage im Schrank steht? Ich breche die Lektüre ab und lege den Früchtefahrplan der ersten Woche auf den Tisch. Mit Ananas fängt alles an. Morgen Papayas und Mangos. Gut, dass es in Hamburg den Fischmarkt gibt, sonst wäre bei dieser Diät nicht nur mein Magen, sondern vor allem das Portemonnaie leer. Aber so kaufen wir Früchte kistenweise kurz vor Schluss. Die eine Hälfte ist verrottet, die andere billig und gut. Man transportiert die sonnen- und saftschweren Früchte den Elbhang hinauf zum letzten ergatterten Parkplatz. Ich persönlich denke, dass es diese Energieleistung ist, die bei den Pfunden zählt. Nicht das Essen, sondern das Tragen der Früchte macht schlank.

Nach einer Woche ist der Erfolg da: sechs Pfund.

Ich rufe Jutta an: „Stell dir vor! Sechs Pfund!"

„Das sind", sagt Jutta mit verklärter Stimme, „zwölf halbe Pfunde Butter! So musst du es sehen. Kaufe Butter und lege sie neben dich!"

Die zweite Woche: Kein Gramm abgenommen. Nichts!

Vielleicht sollte ich wieder in dem blauen Buch lesen! Mit meinem Denken muss etwas falsch gelaufen sein. „Eine Spaltung zwischen Körper und Seele ist die Ursache!“ Wie schrecklich! Wie frustrierend, so zu stagnieren! Ich werde belehrt: „Keine Panik, wenn Sie einmal stehen bleiben! Sie sind auf einem Plateau!“ Na, das sind ja schöne Aussichten! Plateaus seien etwas ganz „Normales“, denn die Zellen, die Fett abgegeben haben, füllen sich nun mit Wasser – erst später schrumpfen sie.

Also: weiter Ananas! Aber inzwischen sind meine Mundschleimhäute weggeätzt. Meine Zunge blutet. Hier hört doch der Spaß auf. Schlank ist schön, aber weiterleben auch! Die Kinder sagen, ich sähe aus wie ein Chow-Chow. Chow-Chows kriegen Hackfleisch und Karotten … aber ich?

Als Nächstes sind Kiwis dran, die machen alles noch schlimmer! Ich höre auf. Bin ich ein freier Mensch? Ich habe guten Willen gezeigt. Zwei Wochen eiserne Energie. Ist das nichts? Aus der Küche duftet es nach Hähnchen, das für die Kinder im Backofen steht. Selbst Reis riecht wunderbar. Ich hebe den Deckel hoch und rieche daran. Herrlich, dieser Duft! Ich hab's: Einatmen statt essen! Ich werde eine neue – säurefreie – Diät entwickeln. „Kombinieren Sie Ihre Duftgenüsse selbst! Chinesische Ente mit Orangen. Französische Tomatensuppe! Geräucherte Aale, noch warm! Als Nachtisch eine frisch geöffnete Pralinenschachtel. Fehlkombinationen und Enzymprobleme ausgeschlossen!!“

Ich werde ja richtig kreativ, meine Stimmung hebt sich. Das blaue Buch verspricht: „Wohlbefinden und gute Laune!“ Stimmt! Vielleicht sollte ich doch weitermachen, diese Diät ist gar nicht schlecht. Und es sind ja nur noch drei Wochen. Irgendwann gibt es sogar Sahnegeschnetzeltes mit Nudeln!

Dann endlich: Ich habe es geschafft! Auch der letzte Diät-Tag mit Ananas und Popcorn ohne Salz liegt hinter mir. Meine Waage zeigt sieben Kilo weniger. Das sind 14 Pfund oder 28 halbe! Nicht zu fassen. Welch ein glücklicher Moment. Augenblicke gibt's, die gibt's gar nicht! Ich brauche dringend eine Tafel Schokolade! (Aber natürlich nur, um daran zu riechen!)

Mit dem Fahrrad unterwegs

Unser Haus steht weder in den Bergen noch am Meer, auch nicht zwischen Wäldern und Seen, sondern am Rande einer großen Stadt: dort, wo Schleswig-Holstein beginnt – mit seinen endlosen Baumschulen, Rapsfeldern und Viehweiden. Manchmal – wenn der Tag es erlaubt – bin ich frühmorgens ein Stück mit dem Fahrrad unterwegs. So auch heute. Der Himmel wird zusehends heller, als ob Gott auch an diesem Morgen das Licht aus der Finsternis hervorriefe; es ist wie eine Vorahnung vom „Morgenglanz der Ewigkeit".

Die Sonne ist nun ganz da. Sie breitet ihr Licht und ihre Wärme über die Erde aus. Am Straßenrand: roter Klee und Hahnenfuß, Löwenzahn und Margeriten. Zu beiden Seiten Knicks, von Brombeerranken überwuchert. In den Gräben wachsen Brennnesseln und Disteln. Überall steht Schachtelhalm.

Ganz alltägliche Dinge. Aber morgens, im ersten Licht, ist dies unscheinbar Kleine groß und herrlich. Ausgeruht, gesättigt von der feuchten Kühle der Nacht wächst jeder Halm in den Tag hinein, unverdrossen, als gäbe es keine Abgase, keine achtlosen Schritte, kein Verletzt- und Zertretenwerden. Der helle Morgenhimmel öffnet Blätter und Blüten. Er öffnet auch mein Herz zu Gott hin:

„Ich strecke meine Hände aus nach dir, Gott!
Mein Seele verlangt nach dir.
Lass mich am Morgen hören deine Gnade,
denn ich vertraue auf dich.
Zeige mir den Weg,
den ich gehen soll.“
Aus Psalm 143

Und ich weiß: Gott, der meine Bitten gehört hat, wird mit mir durch diesen Tag gehen.

Halt finden

Die Grashalme am Wegrand mit ihren blühenden Ähren sind übermütig lang. Hoch aufgeschossen schwanken sie im Wind, aber sie brechen nicht. Knoten, die aussehen wie kleine Gelenke, geben ihnen Halt.

Als Jesus Christus über unsere Erde ging, hat er die Menschen auf das Gras zu ihren Füßen aufmerksam gemacht: „Wenn Gott schon das Gras auf dem Feld so kleidet – das doch heute steht und morgen in den Ofen geworfen wird –, sollte er das nicht vielmehr für euch tun?"

Sollte Gott euch nicht erst recht mit Schönheit und Sorgfalt umgeben und selbst der Halt sein, den ihr zum Leben braucht?

David, der König und Liederdichter, erzählt davon, dass Feinde sein Leben bedrohten. Schließlich aber sagt er: „Aber der Herr *wurde mein Halt.* Er führte mich hinaus ins Weite, denn ich war ihm lieb. Mit meinem Gott kann ich über Mauern springen."

Eine Erfahrung, die nicht im Voraus da war. Zunächst gab es nichts als Gefahr von allen Seiten. In seiner Angst wandte David sich an Gott:

„Als mir angst war, rief ich den Herrn an.
Ich schrie zu meinem Gott.
Da hörte er meine Stimme.
Er streckte seine Hand aus von der Höhe
und fasste mich.
So wurde er Halt und Zuversicht für mich."
NACH PSALM 18

Gott *wird zum Halt,* wenn ein Mensch ihn anruft. Er ist überhaupt nur so da, dass er kommt, zur Hilfe eilt, sich aufmacht, um mir nahe zu sein. Er, der Lebendige. Der Mich-Sehende und Hörende. Der Barmherzige.

Im Elend nach einem Strohhalm oder Grashalm zu greifen, hilft nicht. Aber jeder Grashalm kann mich daran erinnern, dass Gott mir zum Halt wird, wenn ich ihn anrufe.

Gott gibt uns die Bitte: „Werde du mir Halt, Zuversicht, Hoffnung." Und er lässt uns erfahren, dass er zum Halt wird.

Gegenwärtig sein

Überall am Weg wächst Ackerschachtelhalm. Ein lästiges Unkraut, nicht sehr beliebt. Aber mich hat seit Kindertagen fasziniert, wie sich dieser geschachtelte Halm auseinander zupfen lässt – in viele einzelne Segmente. Ich höre noch das leise „Popp"-Geräusch, das es dabei gab – wie beim Entkorken von Flaschen.

Kürzlich sah ich an einem Teich des Botanischen Gartens Hunderte und Tausende von grünen Halmen des viel selteneren Winterschachtelhalms. Bizarr wie ein Relikt aus der Urzeit, ein Versteck für Dinosaurier, stehen die hohen, schlanken Halme dicht an dicht. Eine seltsame Pflanze! Seit Menschengedenken wächst sie auf unserer Erde. Ihre Vorfahren bildeten einmal riesige Wälder. Diese maßvolleren Nachkommen mit ihren so deutlich gezeichneten Abschnitten erinnern mich daran, dass nicht nur Weltzeiten auseinander hervorgehen, sondern auch die viel kürzeren Phasen in meinem Leben.

Aus all dem, was ich jetzt denke, arbeite und erlebe, glaube und hoffe, erwächst ein anderer Lebensabschnitt. Neues, noch nicht Geahntes kommt hinzu, Schönes und Schweres. Wer weiß, was es heute und morgen sein wird! Bis Gott meinem irdischen Leben ein Ende setzt, bis er Zeit und Raum aufhebt und etwas ganz anderes beginnen lässt: ein Leben in seiner Gemeinschaft, das kein Ende mehr hat.

Und wie viel ist der gegenwärtigen Phase schon vorausgegangen! Wie sehr hat die frühe Kindheit mein Leben geprägt. Nach dem Krieg gab es kaum Spielzeug, wir haben es selbst gemacht: zusammengebastelt und -phantasiert. Die Wohnung war eng; so spielten wir fast immer draußen. Ich kannte Blumen und Bäume, Moos und Gras besser als Bücher. In der Schule war ich schlecht im Lesen. Die ersten zehn Jahre sind prägend, aber doch nicht so, dass sie mich für alle Zeit schicksalhaft festlegen. Immer kann etwas Neues anfangen. Von Gott her ist nichts unmöglich.

Vom Himmel ist uns Freiheit zugedacht und immer neue Lebendigkeit, Mut und Phantasie. Es soll nicht alles beim Alten bleiben. Jede Lebensphase hat ihr eigenes Gewicht. Sie trägt ihr eigenes Glück und ihre besondere Last in sich. Darum ist es gut, ganz gegenwärtig zu sein und aufmerksam wahrzunehmen, was Gott mir jetzt schenkt oder zumutet.

Natürlich denke ich manchmal zurück an die Zeiten, als unsere Kinder noch klein waren. Oder ich träume von einer arbeitsfreien Zukunft, wo mein Mann und ich Zeit haben werden füreinander und für vieles, was jetzt nicht möglich ist.

Aber meistens genieße ich die Gegenwart und lebe in einem Haus, das sehr unterschiedliche Funktionen unter einem Dach vereint: Micha sagt: „Ich komme heute Mittag nach Hause, habe aber nicht viel Zeit. Thorsten kommt auch! Okay? (Schnell-Imbiss!) Er bleibt über Nacht“ (Jugendherberge).

Susanne, die zur Arbeit geht, ruft an der bereits offenen Tür: „Wird spät heute Abend! Schließt die Zwischentür nicht ab! (Wach- und Schließdienst). Meine Stühle und der Tisch müssten noch in den Keller!“ (Möbellager).

Isabelle kommt aus der Schule: „Hat jemand für mich angerufen? Habt ihr die Nummer notiert? Danke!“ (Telefonzentrale). Mein Mann kündigt zwei oder vier Gäste zum Essen an (Restaurant). Die Kinder brauchen einen Vorschuss für Konzertkarten (Kreditanstalt), zur Einstimmung drehen sie die HiFi-Anlage auf (Disco).

Isabelle fragt: „Bist du am Wochenende zu Hause?“

„Ja, warum?"
„Zum Kuscheln und Teetrinken! Und überhaupt!" (Teestube).
Das alles mag übertrieben klingen. Aber genau so ist es. Ich genieße dies vielfältig bunte Leben und finde: Die gegenwärtige Phase ist die allerschönste! Ich bin gespannt, was dieser Tag bringt!

„Du magst das Produkt deiner Vergangenheit sein,
du bist nicht ihr Gefangener,
außer du willst es sein."
VERFASSER UNBEKANNT

Wie viel Arbeit ist genug?

Ich suche nicht nach Arbeit, die Arbeit ist da, ganz unübersehbar: in der Familie, in Haus und Garten. Und sie kommt mir per Post auf den Schreibtisch. Welch ein Glück! Ich habe Arbeit!
Eine Zeitschrift will eine Kurzgeschichte für ihre Nullnummer. Das Thema sei: „Fisch" – altchristliches Symbol und tägliche Nahrungsquelle. Fisch in jeder Form ist erwünscht: Krimi oder Drama möglich; witzig, unterhaltsam und fromm. 9000 Anschläge!
Dazu fällt mir nun wirklich nichts ein! Weder etwas Kriminelles noch Christliches oder gar ein Fischsalat aus beidem.

Ich sage ab. Man kann nicht alles machen. Schließlich habe ich mit der laufenden Arbeit genug zu tun, und meine Familie schätzt es nicht, wenn ich pausenlos auf der alten Maschine herumhacke.

Als die Kinder aus der Schule kommen, sage ich: „Ach, übrigens ... da kam so eine Anfrage, 'was zum Thema „Fisch" zu schreiben, ich hab' abgesagt. Was soll's?"

„Warum das denn? Dir wird doch zu Fischen noch 'was einfallen, wo du so gern Heringssalat isst!"

„Es geht ja nicht um Rezepte – etwas Frommes sollte es sein."

„Nimm es locker. Wir machen ein Brainstorming, und du nimmst die Stichworte und setzt einfach Und, Aber, Oder, Weder, Dennoch, Wenn und Weil dazwischen."

„Ganz so einfach geht's ja wohl doch nicht!"

„Dann lass die Absage erst mal liegen!"

„Gut!"

Wer weiß, vielleicht geht mir irgendwo ein Fisch ins Netz! Ein anderer Brief heute Morgen kommt vom NDR und lädt mich ein, bei den Morgenandachten mitzuwirken. Zweimal sechs Beiträge pro Jahr, das sei doch zu schaffen. Hinzu kämen natürlich ein Einführungsseminar, Redaktionsgespräche, Sprechtraining, Aufnahme und sonnabends live: Beantwortung von Hörerfragen im Sender. „Trotzdem möchten wir Sie für die Mitarbeit gewinnen!"

Sie haben mich gewonnen. Ich werde das Formular ausfüllen. Ob ich allerdings die Erwartungen der Hörerinnen erfüllen kann, weiß ich nicht. Aber ich will es versuchen. Gott hat seinen Geist ja denen versprochen, die ihn darum bitten. Und – was wäre das Leben ohne Herausforderungen und Wagnisse?

Eigentlich fällt es mir schwer, etwas abzusagen. Arbeit macht Spaß. Ich liebe sie. Zu sehr? Manchmal schon. Dann scheint es, als ob mein Lebensglück vom Gelingen der Arbeit abhinge. Die Arbeit und ich werden identisch. Keine Arbeit, kein Ich. Wie beim Schneemann. Wenn die Sonne kommt, schmilzt er dahin, weil er ganz aus Schnee besteht. Er ist ein Nichts geworden. Wer kann das wollen?

Also arbeiten bis zum Umfallen? Es ist schwer, das eigene Maß zu finden, sodass noch Zeit übrig bleibt zum Singen, Träumen, Spielen und Lachen. Selbst Gott „ruhte" von seinen Werken. Zu müden und erschöpften Menschen sagt Jesus: „Kommt her zu mir – wie gehetzt und geplagt ihr auch seid – ich will euch erquicken. Lernt von mir! So werdet ihr Ruhe finden für eure Seelen" (Matthäus 11,28.29).

Arbeit ist etwas Schönes und Beglückendes. Aber sie hat den Zug zum Ganzen. Sie will mir alles sein: mein Götze, von dem ich abhänge und den ich darum anbete.

Von solchen und anderen Götzen hat der Prophet Jesaja gesagt: Eines Tages werden Menschen ihre selbst gemachten Götter „zu den Maulwürfen und Fledermäusen" werfen, dann, wenn Gottes Tag kommt (Jesaja 2,20).

Dieser Vers hat mich überrascht. Ich wusste gar nicht, dass die Bibel von Maulwürfen und Fledermäusen redet und mich so daran erinnert, meine Arbeit nicht zu überschätzen.

„Wir können Gott kein größer noch besser Werk tun, noch edleren Gottesdienst erzeigen, denn ihm danken."
Martin Luther

Warten und Hoffen

Arbeitslose warten auf Arbeit. Erfolglose auf Erfolg. Kranke auf Gesundheit. Enttäuschte hoffen auf Zuwendung und neues Glück. Mutlose auf Zuversicht.

Aber auch wenn Wünsche sich erfüllen, bleibt die Sehnsucht. Wir sehnen uns nach dem Ursprung, von dem wir herkommen: Das Geschöpf sehnt sich nach seinem Schöpfer.

Oft wird dieses Innen, der Grund unserer Seele, zugeschüttet: durch Arbeit oder Verzweiflung, durch Sorgen und eine unbestimmte Dumpfheit. Aber die Sehnsucht lässt sich nicht ganz töten, das Hoffen und Warten auf Gott bricht immer wieder durch. In solchen Zeiten des Wartens, der Sehnsucht, haben Menschen zu Gott gesagt:

„Ach, Herr, wie lange?!
Ich bin so müde vom Seufzen!
Heile mich, Herr,
denn Leib und Seele
sind sehr erschrocken."

Und dann ganz überraschend die Gewissheit:

„Der Herr hört mein Flehen.
Mein Gebet nimmt er an."

Aus Psalm 6

Das Klagen kommt zur Ruhe. Alles Schwere liegt nun bei Gott, dem nichts unmöglich ist.

Auch Jeremia, der Prophet, bringt sein Leben immer wieder vor Gott. Am Ende einer langen Klage über sein schweres Amt sagt er: „*Ach, Herr,* du weißt es! Denke an mich und nimm dich meiner an!"

Und Gott antwortet ihm: „Wenn du dich zu mir hältst, will ich mich zu dir halten" (Jeremia 15, 15.19).

„Ach, Herr, sieh an mein Elend!" (Klagelieder 1,9).

Es tut gut, in schweren Zeiten „Ach!" sagen zu können. *„Ach, Herr!"* Dabei atmen wir aus und spüren ein wenig Entlastung. Auch wenn die Kraft zu langen Gebeten fehlt – Gott weiß, worauf ich hoffe. Er kennt meine Sehnsucht.

Klagen und Seufzen sind kein Unglaube, sondern der Glaube, dass Gott einen Weg weiß, wo ich keinen sehe. Das „Ach, Herr!" birgt schon ein Hoffen in sich und macht das Schwere erträglicher, sei es die große Last der Arbeit oder die Last, keine Arbeit zu haben. Aber das Warten fällt immer wieder schwer. Wir haben keine Übung darin. Im gewöhnlichen Alltag ist fast alles sofort zur Hand. Um die Ecke gibt es den Schnell-Imbiss, die Sofort-Reinigung, den Foto-Blitz-Service, die Schnell-Reparatur und zu Hause die Mikrowelle, Fast-Food und Instant-Coffee.

Aber Gott mutet uns manchmal einen langen Atem zu und viel Geduld, Schweres auszuhalten. Es gibt Wege, die endlos scheinen, und wir tasten uns wie Blinde an der Wand entlang. Dass Gott bei uns ist, können wir ihm nur glauben. Wir sehen und hören nichts von ihm. Aber er verspricht uns, dass keiner vergeblich auf ihn wartet.

Ein Meister im Ausharren und Durchhalten ist ein winzig kleines Tier, das wir zum Ungeziefer rechnen: die Zecke. Forscher haben herausgefunden, dass eine Zecke bis zu sechzehn Jahre lang auf einem Zaunpfahl sitzend warten kann, bis ein Rind oder Schaf vorbeikommt, auf dessen Rücken sie springt und dessen Blut sie saugen kann. Sechzehn Jahre auf Nahrung warten!

Das Maß an Geduld, das der Himmel uns zumutet, mag oft auch groß sein. Aber all unser Hoffen und Harren wird einmal in Freude einmünden. Am Ende, wenn Gott alles vollendet, wird nur Freude da sein. Keine Plage. Warum also verzagen?

„Denn das ist des Glaubens besondere Art,
dass er damit umgeht und das glaubt,
was noch nicht gegenwärtig ist.
Denn was vorhanden ist,
braucht man nicht zu glauben:
Man fühlt's und sieht's."
MARTIN LUTHER

Eine Unterbrechung

Die Natur, der ganze Kosmos scheint in der Mitte des Tages innezuhalten: Die Goldfische im Teich „stehen" unter den Seerosenblättern und lassen sich den Rücken von der Sonne erwärmen. Das Kaninchen im Gehege hockt unbeweglich da und sinniert vor sich hin – ich wüsste gern, was es denkt. Es frisst in dieser Zeit nicht, auch wenn ich ihm ganz frische Löwenzahnblätter hinlege.

Auch für mich gibt es nach dem Mittagessen einen kleinen Freiraum, eine halbe oder dreiviertel Stunde, in der niemand etwas von mir will. Ich bin müde und gehe fast bei jedem Wetter nach draußen in den Garten – außer wenn es regnet, schneit oder friert. Dort auf der Terrasse steht mein Liegestuhl; in Jacken und Decken gehüllt, genieße ich meine Mittagspause.

Wie wunderbar, so im Garten zu liegen, zu dösen und zu träumen, zwischendurch zu beten und ein wenig zu schlafen. Dabei klärt sich manches, was mir am Morgen in konzentrierter Arbeit am Schreibtisch nicht gelang. Bilder, Gedanken, Dinge ordnen sich. Und wenn ich dann wieder aufstehe, kann ich nach einem guten Kaffee weiterarbeiten, und alles gelingt.

Aber nicht immer komme ich zur Ruhe. Manchmal scheint alles dagegen zu sein. Kaum liege ich, nehme ich halb blinzelnd wahr, wie ein lang aufgeschossener Zweig der Kletterrose im Wind schwankt. Er wird gleich abbrechen. Also stehe ich auf und binde ihn fest. Dabei sehe ich, dass die gelbe Margerite im Topf Blätter und Blüten hängen lässt, sie braucht schnell Wasser. Die Blumen im Beet sehen auch welk aus. Also hole ich lieber gleich den Schlauch. Danach versinke ich wieder in meinem Liegestuhl. Oh, ich habe vergessen, das Fleisch aus dem Tiefkühlschrank zu nehmen – für die Gäste heute Abend! Auf dem Weg zur Küche komme ich am Telefon vorbei. Frau Helbig wartet auf meinen Rückruf. Später!

Aber nach so vielen Unterbrechungen wird es nichts mehr mit dem Abschalten und Ausruhen. Es ist schwer, ein gutes Gleichgewicht zu finden zwischen Anspannung und Entspannung. Aber eine Pause ist so wichtig – alles Gute und Leichte kommt aus dem Ausgeruhtsein.

Selbst das Kommen des Reiches Gottes hat Zeit und kann einen Moment innehalten: Die Jünger sollen nicht pausenlos arbeiten, predigen und heilen, Hungernde sättigen und Wunden verbinden. Jesus befiehlt ihnen geradezu: „Geht an eine einsame Stätte und ruht ein wenig!“

Die kurze Unterbrechung am Mittag ist eine Wohltat. Ein Mensch, der jetzt, auf der Höhe des Tages, innehält, wird auch den Anforderungen der zweiten Tageshälfte standhalten und Mühsames aushalten.

Das Pausenzeichen

In vielen Psalmen steht jeweils nach einem Vers oder Sinnabschnitt das kleine Wort „*Sela*". Es bezeichnet eine Pause und gehörte ursprünglich wohl in den Notentext. Hier sollte der Sänger innehalten, damit die Zuhörer Zeit zum Nachdenken hatten. Später, als die Musik zu den Psalmen verloren gegangen war, hat man das „Sela" in den Text übernommen. Hier schwieg die Stimme des Vorbeters eine kleine Weile. Denn das Schweigen und Nachdenken über das Gehörte sind so wichtig wie die Worte selbst.

Ganz deutlich wird dies beim dritten Psalm:

„Ach, Herr, wie sind meiner Feinde so viel
und erheben sich so viele gegen mich!
Viele sagen von mir: Er hat keine Hilfe bei Gott.
Sela.
Aber du, Herr, bist der Schild für mich,
du bist meine Ehre und hebst mein Haupt empor.
Ich rufe mit meiner Stimme zum Herrn,
so erhört er mich von seinem heiligen Berge.
Sela.

Ich liege und schlafe und erwache;
denn der Herr hält mich.
Ich fürchte mich nicht vor vielen Tausenden,
die sich ringsum wider mich legen.
Auf, Herr, und hilf mir, mein Gott!
Bei dem Herrn findet man Hilfe.
Dein Segen komme über dein Volk!
Sela.“

Nach dem ersten Gedankenabschnitt steht am Ende von Vers 3 das „*Sela*“, nach dem fünften Vers gibt es eine weitere Unterbrechung, und auch am Schluss sollen die Hörer nicht aufstehen und gehen, sondern noch eine Weile dem Gehörten nachdenken.

Dieser Psalm greift auf, was vielen Menschen ein Problem ist: der Spott der Welt.

„Was tut euer Gott denn schon, wenn es Kriege und Elend gibt? Wo ist er mit seiner Macht? Wo bleibt seine Liebe? Und du selbst? Dir hilft er doch auch nicht!“

Der Beter dieses Psalms wendet sich an Gott und klagt ihm, woran er leidet: „Viele sagen von mir: Er hat keine Hilfe bei Gott.“ Darauf folgt nicht gleich eine Antwort, sondern eine Pause, ein Schweigen und Meditieren.

Aus der Stille heraus kann der bedrängte und verlachte Mensch nun ein „Aber“ sagen. Es scheint zwar so, als ob Gott nicht hilft, aber trotz seiner Verborgenheit ist er wie ein Schild, der die bösen Angriffe, den Spott, abwehrt. Was mich treffen soll, wehrt Gott ab. Darum brauche ich den Mut nicht sinken lassen, sondern kann mitten unter meinen Angreifern und Spöttern mit erhobenem Kopf umhergehen. Gott selbst „hebt mein Haupt empor“, er ist „meine Ehre“. Das macht mich unangreifbar. Hier hält der Psalm erneut inne. Ich habe keine geringere Hilfe als Gott selbst!

Und dann fährt der Beter fort: Selbst nachts, in Dunkelheit und Gefahr, bin ich ohne Angst, denn Gott bewahrt mein Leben, sodass ich morgens gesund erwache. Der Psalm schließt mit der Zuversicht, dass bei Gott Hilfe zu finden ist, und bittet um seinen Segen. „*Sela.*“

Große, lebenswichtige Worte ohne einen Raum des Schweigens sind wirkungslos wie ein ungerahmtes Gemälde auf einer Blumentapete.

Auch unser Leben, Denken und Arbeiten braucht freien Raum um sich herum: die Unterbrechungen am Mittag oder das Aufhören am Abend. Das scheint oft unmöglich, weil die Arbeit im Übermaß da ist. Es braucht wohl den mutigen Entschluss, gewisse Dinge nicht zu tun und dafür andere in Ruhe zu erledigen. Vielleicht kommt es nicht immer darauf an, möglichst viel zu schaffen, sondern darauf, dass der Schaffende ein Mensch bleibt, dessen Herz bei der Sache ist, die er gerade tut.

„*Arbeit und Ruhe gehören zusammen*
wie Auge und Lid.“
Rabindranath Tagore

„*Lerne, alles so zu verrichten,*
dass dein Herz sich erwärmt.“
Russische Weisheit

Was der Tag zerstreut, sammelt der Abend

Unsere Familie wohnt noch beinahe vollzählig in einem Haus zusammen. Wir erfahren nicht alles, aber viel voneinander. Wir erzählen, was gerade „läuft" oder eben nicht gelaufen ist. Abends sind fast alle da. Tagsüber hat jeder seinen eigenen Arbeitsbereich.

Wenn möglich essen wir gemeinsam und setzen uns dann – im Winter – in die Nähe des Kachelofens, an warmen Sommertagen auf die Terrasse. Wir lesen die Zeitung und stören uns dabei gegenseitig, indem wir erzählen, was uns gerade einfällt oder kurze Notizen laut zitieren.

Der Lebensraum ist wieder enger geworden – auf einen Raum beschränkt, später auf das eigene Bett, wo jeder die Bettdecke fest um sich wickelt. Aber vorher sitzen wir zusammen, schimpfen und lachen, beklagen, was schief ging, und freuen uns über anderes, das überraschend glückte. Bis plötzlich einer aufspringt und fernsehen will. Ein anderer ist müde und geht ins Bett. Micha möchte noch Freunde besuchen. Die große Runde löst sich auf. Wer zuletzt ins Bett geht, muss den Hund ‚rauslassen', die Türen abschließen und das Licht ausmachen, weshalb jeder versucht, nicht der Letzte zu sein.

Für die Spät-nach-Hause-Kommenden liegen Zettel mit Notizen und Telefonnummern auf dem Teppich. Meist mündet der zerstückelte Tag in einen ruhigen Abend ein, wenn nicht gerade Gäste da sind. Nach der Anspannung kommt die Entspannung. Wenn die Eltern allein sind, trinken sie manchmal ein Glas Wein und lesen oder sehen noch einen späten Krimi im Fernsehen an. Nach dem Vielerlei des Tages ist es so erholsam, nur eine Sache zurzeit zu tun und sich nur einem Menschen ganz ungeteilt zuzuwenden.

Wenn es dann Zeit ist, ins Bett zu gehen, denke ich ähnlich, wie Jean Pauls „vergnügtes Schulmeisterlein“ es sagt: „Abends lieg ich auf alle Fälle, sie mögen mich den ganzen Tag zwicken und hetzen, wie sie wollen, unter meinem warmen Zudeck und drücke die Nase ruhig ans Kopfkissen, acht Stunden lang.“

Und dann weiß ich: Dieser Tag mit allem, was er enthielt, ist bei Gott aufgehoben. Was nicht gelang und unfertig blieb, muss mir nicht den Schlaf rauben. Für das Böse darf ich um Vergebung bitten, einmal wird Gott es ganz vernichten. Einmal wird er alles Unfertige vollenden. Darum kann ich mich seinem Frieden anvertrauen.

Nichts wird mir fehlen?!

Ein Tag ist lang. Er hat acht oder manchmal zwölf Arbeitsstunden. Wie viel gibt es da zu erledigen, zu Hause oder außerhalb! Tausend kleine Handgriffe und noch mehr Schritte. Da sind Menschen, Probleme, Aufgaben. Wie kann ich es schaffen, in diesem hektischen Durcheinander „bei Gott“, in seiner Nähe zu bleiben? Sodass ich ihn höre und er mich hört? Das kurze Morgengebet ist schnell vergessen, und bis zum Nachtgebet – wenn die Erschöpfung nicht zu groß ist – ist es lang.

Ich habe versucht, einmal einen einzigen Satz, ein Psalmwort, einen Tag lang durchzuhalten, es in mir festzuhalten und allem, was geschah, *entgegen*zuhalten. Und dann noch einen Tag. Der Satz hieß: „Der Herr ist mein Hirte, mir wird nichts fehlen" (Psalm 23,1).

In unseren Keller ist Wasser gelaufen, weil die Waschmaschine verstopft war und überlief. Ein gutes Dutzend meiner Bücher sind verdorben, einige leicht beschädigt. Viel Extra-Arbeit. Eigentlich wollte ich an den Schreibtisch. Verlorene Bücher, verlorene Zeit. Ärger. Mittendrin ein Telefonanruf. Ein Kinderbuch-Verlag teilt mir mit, dass sich die Pläne mit meinem neuen Buch aus Kostengründen nicht realisieren ließen. Schade. Zwei Monate Arbeit umsonst. Vergeudete Zeit? Materialausgaben. Enttäuschung. Natürlich gibt es Schlimmeres. Aber ich bin traurig. Gott sieht meine Traurigkeit. „Der Herr ist mein Hirte. Mir wird nichts fehlen."

Ich habe Kopfschmerzen. Nicht viel Kraft zu konzentrierter Arbeit. Ich komme nicht gut voran. Gelassenheit fällt mir schwer. Ich überlasse mich Gott in meinem Nicht-weiter-Kommen. „Der Herr ist mein Hirte. Mir wird nichts fehlen."

Nachmittags habe ich eine Veranstaltung. Ich verschenke die leicht beschädigten Bücher. Überraschung, Freude. Vielleicht hören die Empfänger aus den Texten der Bücher etwas, das sie sagen lässt: „Der Herr ist mein Hirte, mir wird nichts fehlen." Vielleicht wird aus Schaden und Verlust Lob?

Am nächsten Morgen bin ich beim Orthopäden. Das Röntgenbild zeigt eine Knochenverformung an der Ferse, die nicht zu beheben ist. Das Gehen wird nicht mehr schmerzfrei sein. „Der Herr ist mein Hirte. Mir wird nichts fehlen."

Was er mir zumutet, kann ich wohl tragen. Ich hoffe auf seine Kraft.

Mittags kommt Isabelle aus der Schule. Sie hat schlechte Laune. „Was ist los?“, frage ich.

„Nichts!“ Sie geht in ihr Zimmer. Schlechte Laune ist schwer auszuhalten, sie legt sich mir wie Mehltau auf die Seele. Dabei hätte ich heute gut etwas Freude gebrauchen können. „Der Herr ist mein Hirte. Mir wird nichts fehlen.“

Manches Schwere bleibt. Vieles fehlt mir. Ich verstehe nicht, warum Gott mir manches zumutet und anderes vorenthält. Noch weniger begreife ich seine Güte gegen mich. Alles, das Schwere und das Schöne, soll mir zum Besten dienen und mir helfen, auch gegen den Augenschein zu sagen: „Der Herr ist mein Hirte. Mir wird nichts fehlen.“

Gott bittet uns:
„Lass mich allein dein Gott sein,
und suche ja keinen andern.
Was dir an Gutem mangelt,
das erwarte von mir und suche es bei mir.
Wo du Unglück und Not leidest, halte dich zu mir.
Ich will dir genug geben und dir aus aller Not helfen.
Lass nur dein Herz an keinem anderen hängen noch ruhn.“
MARTIN LUTHER

Leere Netze

Manchmal habe ich am Abend eines Tages das Gefühl: Heute war es nichts! Ich habe nichts geschafft! Nichts von dem, was ich eigentlich tun wollte.

Ich habe vieles erledigt, aber es waren lauter kleine Dinge, von denen man morgen nichts mehr sieht. Morgen ist der Kühlschrank wieder leer, die Waschmaschine erneut voll, der Boden muss gewischt, die Zimmer aufgeräumt werden. Und wenn meine Freundin mich am Telefon fragt: „Was hast du heute getan?“, werde ich sagen: „Nichts! Nichts, was den Tag überdauert!“

An solchen Tagen fühle ich mich wie ein Fischer, der mit leeren Netzen ans Ufer zurückkommt. Ich habe nichts in der Hand. Meine Energie, die ich lieber für eine große Sache hergeben würde, ist durch viele kleine Löcher in den Boden gesickert.

Leer sind meine Netze auch noch in anderer Hinsicht. Nach Vorträgen und Veranstaltungen denke ich manchmal: Ich habe so viel geredet, aber habe ich etwas gesagt? Ging es „zuerst um das Reich Gottes und seine Gerechtigkeit“, oder war es einfach nur heiter und witzig, freundlich-unterhaltsam und ein wenig tröstend? Und wie sieht es bei mir selbst aus? Ganz im Innern? Leer und ausgebrannt?

Am Abend steigt in mir auf, was von den Ablenkungen und Anforderungen des Tages verdeckt wurde: die Armseligkeit meiner Liebe, der Mangel an Freude und Zuversicht, „wenn ich mich nachts zurückzieh … in meines Herzens letzte ärmste Kammer …“ (Rainer Maria Rilke).

Wie gut, dass es Worte gibt, die meinen Gefühlen und Gedanken widersprechen, die etwas ganz anderes sagen, Worte des auferstandenen Christus. Er sagt: „Ich kenne deine Bedrängnis und Armut. Und doch bist du reich" (Offb. 2,9).

Wenn ein Mensch zu mir sagt: „Ich kenne dich und deine Schwächen", dann heißt das: „Du kannst mir nichts vormachen! Ich durchschaue dich. Und du wirst dich auch nicht ändern!"

Aber wenn Gott sagt: „Ich kenne dich, deine Leere und Verzagtheit, deine Armut", dann bin ich in diesem Satz aufgehoben und bewahrt. Gott weiß, was mir fehlt, und kann geben, worum ich ihn bitte. Er wird nie aufhören, mich zu lieben. Wie reich ich bin! Reich mit leeren und mit vollen Netzen – weil bei Gott die Fülle ist und ich daran teilhaben soll.

Rückblick auf ein Jahr

Vielleicht fragen Sie sich im Rückblick auf das vergangene Jahr, was es Ihnen gebracht hat: Gutes oder Schweres? Von beidem etwas? Konnten Sie in Schmerzen und Glück etwas von Gottes Treue erkennen?

Konnten Sie an guten Tagen singen: „Herr, ich werfe meine Freude wie Vögel an den Himmel …" und an Tagen, wo alles ungewiss war: „Meine Zeit steht in deinen Händen …"? Dann wäre es kein verlorenes Jahr, wie schwer und mühsam es auch gewesen sein mag.

Für mich gab es beide Extreme: viel Glück und Glücklichsein, aber auch schwere Tage. Und ich weiß nicht, welche Zeit wichtiger war. Manchmal denke ich: Kummer und Schmerzen sind so etwas wie Taue oder Stricke, die uns um so fester mit Gott verbinden. Manchmal wiegt seine Nähe das Schwere auf. Und wenn ich an all das denke, was ich selbst getan oder versäumt habe, an die Menschen, denen ich begegnet bin – neben aller Liebe: Wie viel Verletzung und Enttäuschung gab es da! Wie viel, das nicht wieder gutzumachen ist.

Was mich tröstet, ist das Wort Martin Luthers, das er „Meine Hoffnung“ überschrieben hat:

„Wenn ich nicht glauben darf, dass Gott mir um Christi willen dies täglich beweinte Zurückbleiben vergibt, so ist's aus mit mir. Ich muss verzweifeln. Aber das lass ich bleiben. Wie Judas an den Baum mich hängen, das tu' ich nicht. Ich hänge mich an den Hals oder Fuß Christi ... Dann spricht er zum Vater: Dieses Anhängsel muss auch durch. Er hängt sich an mich. Was will's! Ich starb auch für ihn – lass ihn durchschlüpfen! Das soll mein Glaube sein.“

Danke, dass ich leben darf

Heute, Mitte Februar, ein heller Tag. Die Krokusse öffnen sich und die Stiele der Schneeglöckchen werden immer länger. Die Luft ist weich, ein wenig wärmt die Sonne schon; und ich kann all dies sehen und fühlen und mich daran freuen.

Danke zu sagen ist angemessen. Darum ist es gut, den Geburtstag zu feiern. Ich feiere ja nicht mich selbst, sondern danke dem Himmel für das Geschenk meines Lebens. Arbeit ist immer da, sie kommt und bleibt, wächst und breitet sich aus. Man muss sie gelegentlich unterbrechen und ihr sagen: „Heute ist das Lachen und Singen wichtiger." Denn vor allen Pflichten und Mühen steht ja, dass ich leben darf und mich freuen.

Freuen kann ich mich am besten zusammen mit anderen Menschen. Auch Lieder klingen besser, wenn viele singen. Ein Lied, das eigentlich für den Morgen geschrieben ist, heißt:

„Dass unsre Sinnen wir noch brauchen können,
Und Händ und Füße, Zung und Lippen regen,
das haben wir zu danken seinem Segen,
Lobet den Herren."

Dieser Vers von Paul Gerhardt ist auch ein schönes Geburtstagslied. Gesundheit, Bewahrung, Kraft und Mut sind nicht selbstverständlich. Das wird oft erst deutlich, wenn unser Leben gefährdet ist.

Die schwer kranke Maxie Wander schreibt in ihrem Tagebuch: „Zu Hause – ich bin zu Hause ... Verstehst du das? Zwischen zwei Kliniken. Und ich genieße unseren Garten, leg eine Platte auf, bereite uns ein gutes Essen ... Alles ist fremd und wie verzaubert. Wir wissen nicht, was wir haben, erst wenn die Wände zittern und der Boden unter unseren Füßen wankt, wenn diese Welt einzustürzen droht, ahnen wir, was Leben bedeutet."

Darum ist jeder Geburtstag so etwas wie ein „Dankfest".

Und die mühsamen Tage und Zeiten? Merkwürdig, gerade

an diesen Tagen ist Gott uns manchmal besonders nah, so dass am Ende wieder der Dank steht und die Freude überwiegt.

Der jüdische Religionsphilosoph Abraham Heschel sagt, dass es gut sei, „ein Gespür für die Wunder zu entwickeln, die täglich um uns sind: Brot und Wasser und Wein. Früchte. Menschen, die freundlich helfen. Liebe, Glück, Verstehenkönnen. Bewahrt bleiben. Segen erfahren. Gottes Wort hören können."

Älter werden ist kein Spaß – oder doch?

Hamburger Innenstadt. Ich hatte einige Besorgungen gemacht und lief schnell zur Bushaltestelle, um den 35er Bus noch zu erreichen. Es war schon eine Minute über die Abfahrtszeit hinaus, daher fragte ich eine alte, weißhaarige Dame: „Wissen Sie, ob der Bus schon durch ist?"

Sie: „Ja, gerade eben. Aber das macht ja nichts! Wir Rentner haben doch Zeit!"

„Also, ich habe keine Zeit! Ich muss meinem Sohn heute noch beim Umzug helfen!"

Sie: „Ist doch schön, wenn wir noch gebraucht werden!"

Mir war so elend zumute, dass ich über die Straße zum Bäcker lief, um mir zum Trost erst mal ein großes Stück Kuchen zu kaufen.

Ich und Rentnerin!! Unglaublich. Andererseits gehen manche Frauen ja schon mit 62 in Rente. Dann hätte sie sich nur um drei Jahre verschätzt, eigentlich kein so großes Verbrechen.

Trotzdem: als der Bus kam und sie vorne einstieg, setzte ich mich ganz nach hinten. Vom Rentnersein trennten mich immerhin noch mehr als 1000 Tage – und die wollte ich nicht verschenken!

Lob der Vergesslichkeit

Sie klagen über ein schlechtes Gedächtnis? Das ist, wenn man älter wird, normal. Seien Sie froh, dass Sie Ihr Gedächtnis haben und nicht meins! Meins ist katastrophal. Tag für Tag konfrontiert es mich mit meiner Unzulänglichkeit.

Natürlich stehen verabredete Termine im Kalender. Aber was, wenn ich vergesse hineinzusehen?

Oder neulich beim Einkaufen: Ich brauchte drei Teile, ganz leicht zu merken. Es wäre lächerlich, das aufzuschreiben. Außerdem will das Gedächtnis ja trainiert werden. Also vertraue ich ihm an: Wir brauchen Milch, Entkalker und Apfelsaft. Ganz einfach: zwei Getränke, ein Reinigungsmittel.

Aber natürlich stehen diese Dinge im Supermarkt weit auseinander, logisch. Dazwischen liegen all die Sonderangebote und Dinge, die man nicht braucht, aber doch eben mitnimmt. Mein Einkaufswagen ist bereits halb voll, denn schließlich muss auch Obst im Haus sein. Brot und ein bisschen Aufschnitt können nicht schaden. Ein paar Dosen Bier, falls die

Söhne zu Besuch kommen. Salz für die Spülmaschine, das ich sonst immer vergesse. Heute nehme ich es mit.

Ich wollte ja sowieso ein Reinigungsmittel kaufen. Aber war es das?

Vor der Kasse überkommt mich das dumpfe Gefühl: irgendetwas habe ich vergessen! Getränke sind da. Waschpulver, Ata und Spüli auch. Wunderbar! Es hat geklappt!

Zu Hause will ich das Bad putzen. Wo ist der Entkalker? Vergessen! Und das war das Wichtigste! Es ist zum Verzweifeln. Samstag Mittag, die Läden sind geschlossen. Ich frage Doris, meine Nachbarin!

„Entkalker willst du? Hab ich nicht, den vergess ich auch immer! Nimm doch Essig!“

„Klar, du hast recht, was soll die ganze Chemie im Haushalt!“

„Und wenn du fertig bist, dann komm rüber für ’ne Tasse Kaffee! Wir haben uns so lange nicht gesehen!“

„Stimmt. Also bis nachher!“

Wie gut ist ein schlechtes Gedächtnis! Es hält die Nachbarschaft am Leben.

Das Geheimnis eines langen Lebens

Während einer Chinareise kaufte ich mir ein Taschenbuch: „Das Geheimnis eines langen Lebens.“ In diesem Buch erzählen Hundertjährige, wie sie es geschafft haben, so alt zu werden und fit zu bleiben. Natürlich helfen gesunde Ernährung, traditionelle Medizin, Gymnastik, guter Schlaf und frische Luft. Aber ganz wichtig ist es, so lese ich, heiter und zufrieden zu sein und den Menschen, mit denen man lebt, täglich etwas Freundliches zu sagen. Von Herzen zu lachen, das macht gleich zehn Jahre jünger!

Der Tageslauf des 108-jährigen Liao Fuhui sieht zum Beispiel so aus:

4.00 Aufstehen. Das Gesicht waschen. Tee trinken. Sich strecken.
5.30 In einem Teehaus – 1000 Meter entfernt – frühstücken (sechs Dampfnudeln, ein Topf Tee).
7.00 Eine Stunde im Bett ausruhen.
8.00 Glieder und Gelenke lockern. Bücher und Zeitungen lesen.
10.00 Ein Glas Milch (mit Ei) trinken. Gymnastik, Selbstmassage.
12.00 Mittagessen: eine kleine Schüssel Reis und Gemüse.
12.30 Eine Stunde schlummern.
13.30 Zum Teehaus gehen. Tee trinken. Kleine Erfrischungen zu sich nehmen und mit anderen Menschen plaudern.
16.30 Bei einem Schachspiel zusehen oder selbst Schach spielen (z. B. mit dem Urenkel). Sich unterhalten. Lesen.
18.00 Zu Abend essen: eine Schale Reis, einen Teller Suppe.
19.00 Fernsehen.

22.00 Kleiner Imbiss: z. B. eine Tasse Zuckerwasser oder ein paar Nudeln.
22.30 Zu Bett gehen.

Beim Lesen dieser Tageseinteilung kam ein tiefer Frieden über mich. Wie wohltuend war schon die Vorstellung eines solchen Tages! Wenn ich doch auch wenigstens einen Tag einmal so leben könnte – in dieser Ruhe und Beschaulichkeit!

Warum eigentlich nicht? Das Aufstehen könnte ich ja etwas verschieben, denn schließlich ist es Herbst und ich lebe wesentlich weiter nördlich als Herr Fuhui. Außerdem gibt es bei uns sowieso kein Teehaus, das um diese Zeit geöffnet wäre. Ein Problem wird das Schachspielen mit dem Urenkel: Ich habe weder ein Schachbrett noch einen Urenkel, geschweige denn die nötigen Kenntnisse. Dafür muss ein Ersatz her. Aber Reis, Gemüse, Suppe, Schlaf und Fernsehen, das gibt's auch in Norddeutschland. Ich bin gespannt!

Als mein Wecker um 6.30 klingelt, sagt mein Mann: „Wolltest du nicht schon seit einer Stunde im Teehaus sein und vorher joggen?"

„Nein, nein! Ich habe die Zeiten ein wenig verschoben, es ist ja noch dunkel!"

Aber als ich dann zehn Minuten später mit dem Hund eine Runde gehe, sehe ich einen wunderschönen Morgenhimmel, den ich ohne Liao Fuhui verpasst hätte. Als ich wieder ins Haus komme, hat mein Mann Tee gekocht – zur Sicherheit zwei Sorten. Einem von nun an exakt eingehaltenen Tagesplan steht also nichts mehr im Wege.

Inzwischen ist es vier Uhr nachmittags. Die vorgesehenen Tassen Tee habe ich getrunken, auch Dampfnudeln, Reis und

Gemüse zu mir genommen und mit verschiedenen Menschen gesprochen – hoffentlich freundlich genug! Zeitungen und Bücher habe ich gelesen. Aber meine Streck- und Dehnübungen sahen etwas anders aus: Ich habe Betten bezogen, Wäsche aufgehängt, im Garten Büsche beschnitten, ein Kompostbeet angelegt und natürlich in der Küche gearbeitet. Beim Spaziergang mit dem Hund habe ich ein paar letzte Holunderbeeren gepflückt und Saft davon gekocht.

Als ich mich nachmittags dann wieder in den chinesischen Alltag einklinken will, kommt Isabelle nach Hause: „Du, ich bin so kaputt! Machst du mir einen Tee?"

„Na klar, mein Schatz!"

Es klingelt an der Haustür: Drei kleine Mädchen aus der Nachbarschaft wollen mit unserem Welpen spielen. Warum nicht?

Mein Mann hätte gern ein Bild bruchsicher verpackt – es soll nach Australien. „Kein Problem!"

Und ich denke: Wie gut! Vom Schachspiel verstehe ich ohnehin nichts. Es sind wie immer keine großen Schachzüge, sondern lauter kleine Handgriffe, die mich abends schachmatt sein lassen. Aber Helfen und Freundlichkeit gelten ja auch als Lebensverlängerer. Schließlich bin ich kein 108 Jahre alter Mann, sondern eine fast 50 Jahre jüngere Frau!

Außerdem mache ich mir keine Sorgen um ein hohes Alter. Ich werde so lange leben, wie Gott mir Zeit zumisst. Oh, ich soll ja Reis und Suppe kochen! Ganz schön stressig, neben dem deutschen auch noch den chinesischen Tag zu schaffen!

Ein ungewöhnlicher Rat

Meistens geht es mir gut. Ich freue mich am Leben und habe gute Laune – Gott sei Dank! Aber in den letzten Tagen befand ich mich in einem Stimmungstief: ich war schlecht gelaunt, lustlos und mürrisch.

„Schlechte Laune", sagte meine Nachbarin, „hat doch jeder mal! Das kommt vor, da kannst du nichts machen. Es liegt am Mond, am Mondwechsel. Du weißt doch: Laune kommt von luna (Mond). In ein paar Tagen geht's dir besser."

Manchmal haben diese Tiefs ja körperliche Ursachen: zu viel Arbeit, zu wenig Schlaf, kaum Bewegung, falsche Ernährung, ein akuter Energieabfall. Ich greife dann oft zu einer Tafel Schokolade, um mich „bei Laune zu halten". Zucker zaubert. Aber diesmal half auch die Schokolade nicht. Woher kam meine miese Stimmung?

In einer Zeitschrift las ich eine Notiz über Thomas von Aquin, den mittelalterlichen Theologen. Er gab seinen Zeitgenossen, die an der „accedia", der „Erschlaffung der Seele" litten, den Rat: „Baden oder Beten". Beides sei gut, um zur Lebensfreude zurückzufinden.

Das leuchtete mir ein: Ich würde in die Badewanne steigen! Von der Familie war ohnehin niemand zu Hause. Und wenn das Telefon klingelte, dann sollte es eben klingeln! Kein Mensch muss ständig verfügbar sein.

Es war herrlich in der warmen Wanne. Vom Wasser getragen – schaumumhüllt – dachte ich: Warum bin ich eigentlich schlecht gelaunt? Ich habe es doch so gut. War es der Streit gestern? Oder ärgert es mich, dass der Artikel für das Frauenmagazin nicht hundertprozentig gelungen ist? Was immer als mögliche Ursache meiner Verstimmung in mir aufstieg – ich nahm es und setzte es sozusagen aus mir heraus auf den Rand der Badewanne – unten ans Fußende. Dort – aus anderthalb Metern Entfernung – sah ich es mir an. Was war eigentlich so schlimm daran? Wie würde das alles nach zwei Wochen oder zwei Jahren aussehen? Gehörte es nicht auch zu meinem Leben, könnte ich es nicht aufnehmen wie einen räudigen Hund und ihm einen Platz geben? Es war doch auch umschlossen von Gottes Geduld und seiner Treue. Wenn er es zuließ und aushielt, konnte ich es dann nicht auch?

Halbwegs versöhnt stieg ich aus der Wanne, trocknete mich ab, zog mein maisgelbes Sweatshirt an, das ich einmal auf Sylt gekauft hatte, dazu bequeme Hosen. Dann brühte ich mir einen frischen Kaffee auf.

Am Schreibtisch fiel mir ein Brief in die Hände. Ein Kalenderverlag bat mich, einige Andachten für die nächste Ausgabe zu schreiben. Worüber eigentlich? Ein Vers aus Psalm 141 war angegeben: „Auf dich, Herr, sehen meine Augen. Auf dich traue ich. Gib mich nicht in den Tod dahin."

Wer schlecht gelaunt ist, sieht nur sich selbst. Dieser Vers sagt: Sieh auf Gott! Erwarte Gutes von ihm. Verlass dich auf ihn!

Welch eine Wohltat, wenn Gott uns in trüben Gedanken unterbricht und so mit uns redet. Ganz alltäglich, mitten in der Arbeit – oder beim Baden!

Mein Kreuz – ein Geschenk?

Die Menschen lachen heutzutage weniger als früher, sagen die Statistiker. Warum ist das so? Geht es uns schlechter als unseren Eltern und Großeltern, deren Leben durch Kriege bestimmt war? Warum haben wir so wenig Kraft, Schmerzen und Kummer auszuhalten?

Über die eigene Befindlichkeit dachte man früher nicht viel nach. Dazu war gar keine Zeit. Man musste ja arbeiten, um zu überleben. Und wer hatte schon Anspruch auf permanente Gesundheit und ewiges Glück?

Ob ich diese Zeit wieder herbeisehne? Nein, bestimmt nicht. Ich würde meine persönlichen Freiheiten und Chancen vermissen. Aber vielleicht ist das Pendel zu sehr zur anderen Seite ausgeschlagen. Jetzt geht es oft nur um das persönliche Glück – ausschließlich und an erster Stelle. Kommt es nicht, bin ich enttäuscht und ungenießbar. Das Streben nach Genuss, Fitness, Wellness, faltenloser Jugend und makelloser Schönheit ist das einzige Ziel geworden. Anderes interessiert nicht. Aber wieviel Selbstzuwendung vertragen wir?

Und wie ist es mit unserer Bereitschaft, auch die Schattenseite des Lebens zu sehen und zuzulassen?

Dass Leiden und „Kreuz“ auch zum Leben gehören, wussten die Menschen vor uns besser als wir. Eine ganz besondere Sicht vertrat der Bischof Franz von Sales (16. Jahrh.):

„Gottes ewige Weisheit hat beschlossen, dir dieses Kreuz aus seinem Herzen als kostbares Geschenk zu geben. Er hat es, ehe er es dir schickte, mit seinem allwissenden Auge betrachtet, mit seinem göttlichen Verstand durchdacht, mit seiner weisen Gerechtigkeit geprüft und seinem liebenden Erbarmen durchwärmt. Er hat es mit seinen beiden Händen gewogen, ob es nicht um einen Millimeter zu groß, ein Milligramm zu schwer sei. Dann hat er es gesegnet mit seinem heiligen Namen, mit seiner Gnade gesalbt und mit seinem Troste durchhaucht und noch einmal auf dich und deinen Mut geblickt.

So kommt es nun geradezu aus dem Himmel zu dir als ein Ruf Gottes und als ein Geschenk seiner erbarmenden Liebe, damit du ganz du selber werdest und in Gott deine Erfüllung findest."

Keiner von uns weiß, was ihm das neue Lebensjahr bringt. „Viel Glück und viel Segen" wird uns gewünscht, und das ist gut so. Aber wenn Schmerzen und Leiden kommen, könnten wir versuchen, sie aus Gottes Hand zu nehmen. Vielleicht begegnet er uns darin ganz neu.

Ich will mich freuen

Vielleicht haben Sie Pläne für das neue Lebensjahr gemacht und sagen: „Ich will mehr für meine Gesundheit tun!" (Warum nicht?) Oder: „Ich will eine neue Sprache lernen, ein Instrument, eine Maltechnik!" (Wunderbar!) Vielleicht sagen Sie auch: „Meine Zeit gehört nicht nur mir. Ich will mich um Menschen kümmern, die Hilfe brauchen." (Ausgezeichnet!)

Aber: „Ich will mich freuen!" – kann man sich das vornehmen? Gehört Freude nicht zu dem Nichtmachbaren? Ich denke, mit der Freude ist es wie mit Christrosen. Um die

Weihnachtszeit bekomme ich von meinem Mann oder den Kindern immer einen Topf Christrosen geschenkt, weil ich sie so liebe. Sie stehen ganz nah bei mir auf der Fensterbank, damit es mir nicht entgeht, wie sie ihre Knospen nach und nach aus der Erde herausschieben, die Stiele sich recken und strecken, bis schließlich eine herrliche Blüte da ist, offen wie ein Gesicht. Ich liebe die zarten Pastelltöne. Ein Wunder des Wachsens und Blühens mitten im Winter. Im Sommer würden wir es übersehen.

Wenn die Christrosen dann verblüht sind, pflanze ich sie in den Garten. Seit Jahren versuche ich, sie hinter dem Haus anzusiedeln. Ich gebe ihnen den besten Platz: Südsonne, Windschutz, genug Wasser, aber nach einer gewissen Zeit lösen sie sich auf – in nichts. Unser Gärtner sagt: „Christrosen? – das ist Glückssache! Es liegt am Boden. Sie brauchen Kalk."

Also kaufe ich Kalk, mische ihn in die Erde und pflanze gleich mehrere Exemplare nebeneinander. Vielleicht lieben sie die Geselligkeit? Bisher geht es gut, sie wachsen und entwickeln neue Blätter.

Ich glaube, mit der Freude ist es ähnlich. Sie wird mir geschenkt, und ich kann versuchen, sie in meinem Leben anzusiedeln. Ich kann ihr einen guten Platz geben, Zeit und Aufmerksamkeit, ich kann alles tun, dass sie sich bei mir wohlfühlt. Natürlich glückt es nicht immer. Manchmal löst sich die Freude einfach in nichts auf. An solchen Tagen hilft es vielleicht, anderen eine Freude zu machen, denn Freude ist lebensnotwendig.

Während ich diesen Satz gerade schreibe, kommt meine Tochter nach Hause. Sie ruft: „Hallo! Schön, dass du da bist! Ich muss mir nämlich ein Paar Schuhe kaufen. Kommst du mit? Allein kann ich das nicht?"

„Nein, heute hab ich keine Zeit. Du siehst doch, ich bin mitten in der Arbeit!"

„Bitte!!!"

„Na gut!"

Isabelle findet auf Anhieb Schuhe, die ihr gefallen und auch bezahlbar sind. Und während sie ihren Glücksfund anprobiert, sehe ich ein Paar Sandalen, die ich seit langem brauchte. Wunderbar!

Meine Tochter sagt: „Siehst du, wer anderen eine Freude macht, fällt selbst hinein! Stimmt's?"

„Stimmt!"

Ein ganz alltägliches Wunder

Beim Propheten Jesaja lesen wir, wie Gott die Menschen fragt: Bin ich nur ein Gott, der nahe ist, und nicht auch ein Gott, der ferne ist?" (Jesaja 23,23).

Sein Nahesein ist reines Geschenk. Ein Wunder, das ein Mensch nie ganz fassen und noch weniger festhalten kann. Unaussprechliches Geheimnis.

Es ist so, wie es von den Jüngern berichtet wird: „Als ihnen die Augen geöffnet wurden und sie den Auferstandenen erkannten, verschwand er vor ihnen." Doch der Moment des Erkennens reicht aus, dass sie aufstehen und laufen, „hinausgehen", um den anderen zu sagen, was sie erlebt haben. Alle Entmutigung ist von ihnen abgefallen.

Sein Kommen und Gehen bleiben geheimnisvoll. „Wenn

Gott sein Angesicht verbirgt, erschrecken die Menschen" (Psalm 104).

Aber manchmal nehmen wir vor lauter Arbeit, vor Sorge und Angst weder Gottes Nähe noch Ferne wahr, wir vergessen ihn über dem Tagesgeschehen. Keine böse Absicht. Es ist einfach so.

Dann kann es geschehen, dass Gott sich erbarmt, uns geradezu nachläuft und ein Zeichen vor Augen stellt. Etwas ganz Alltägliches vielleicht, das plötzlich transparent wird auf ihn hin.

Wo wir es nicht schaffen hinauszugehen, weil wir von Gott her keinen Anruf vernehmen, da führt er selbst uns hinaus ins Offene. Psalm 18 sagt: „Er führte mich hinaus in die Weite, er riss mich heraus, denn ich war ihm lieb."

Ich denke an einen Nachmittag vor nicht langer Zeit. Dieser Tag war mühsamer gewesen als andere. Nicht immer ist die Familie ein Paradies: Ärger und Frustration wurden an falscher Stelle abreagiert, am Ende zog sich jeder auf sein Zimmer zurück. Es blieben Verletztsein und Traurigkeit.

Ich öffnete die Tür zum Garten. Da sah ich in einer Wolkenlücke hoch am Himmel ein weißes Kreuz. Zwei Kondensstreifen hatten sich so überschnitten, dass sie ein Kreuz bildeten. Es blieb – ein paar Minuten lang. Dann kam ein Wind auf, der die Linien verschob und weitertrieb, bis sie sich auflösten.

Ich erschrak und war zugleich glücklich. Das Kreuz sagte mir: Jesus, der Auferstandene, ist da, auch heute an solch einem Tag. Geh zu ihm – geh hinaus aus deiner Traurigkeit –, er will dich erquicken!

Was mein Herz vergessen hat, malt der Himmel mir vor Augen.

Mut des Herzens

Es ist gut, ein mutiges Herz zu haben. Aber noch wichtiger ist ein Herz, das – gerade in Mutlosigkeit – von Gott Gutes erwartet: neue Zuversicht und neue Kraft. Vertrauen.

Vor ein paar Tagen rief mich eine Freundin an: „Du, ich muss dir was erzählen! Du weißt ja, dass ich mir um Silke Sorgen mache. Sie ist immer noch viel krank ... im Beruf nichts als Stress. Sonntag war ich in der Kirche. Da wurde als Evangelium die Geschichte von der Frau gelesen, die Jesus um Hilfe bittet – für ihre kranke Tochter. Matthäus 15, glaub' ich. Die Frau bittet immer wieder: ‚Herr, hilf mir!', obwohl sie abgewiesen wird; bis Jesus sagt: ‚Dir geschehe, wie du willst.' Und – ihre Tochter wird gesund! Ich dachte: Diese Geschichte ist für mich gelesen worden, damit ich immer wieder sage: ‚Herr, hilf doch! Mach Silke gesund!' Mir hat das so viel Mut gemacht. Manchmal gibt Gott uns nichts als eine Bitte, und alles ist gut."

Gott will, dass wir ihn bitten. Und er bittet uns: „Lass mich allein dein Gott sein, und suche ja keinen anderen. Was dir an Gutem mangelt, das erwarte von mir, und suche es bei mir. Und wo du Unglück und Not leidest, da halte dich an mich. Ich will dir genug geben und dir aus aller Not helfen. Lass dein Herz nur an keinem anderen hängen noch ruhn" (Martin Luther). Wir dürfen Gott bitten: „Gib mir, was ich zum Leben brauche. Du weißt, was mir fehlt."

Herzenssache

Wenn wir uns bedanken oder Glück wünschen, tun wir es „von ganzem Herzen". Halbherzigkeit würde verletzen, wäre schon fast herzlos.

Auch Gott, wenn er sich uns zuwendet, tut es in „herzlicher Barmherzigkeit" (Lukas 1,78). Wenn er mit uns redet, trifft es unser Herz, und wir sind wie verwandelt: Gelähmte können aufstehen und gehen. Sie können tun, wozu Gott sie ruft, und fühlen sich wie neu geschaffen.

Die Emmaus-Jünger erinnern sich: „Brannte nicht unser Herz, als er – der auferstandene Christus – mit uns redete auf dem Weg?" (Lukas 24,32).

Auch in unserem Leben gibt es Momente, von denen wir – jedenfalls im Rückblick – sagen: „Da ist mir ein Licht aufgegangen!" – „Es fiel mir wie Schuppen von den Augen." – „Da habe ich von Gott her ein Wort gehört, das meinem eigenen Herzen, meiner Stimme und Stimmung widersprach, aber das mein Herz höher schlagen ließ, weil ich spürte: Gott will mein Leben und mein Glück!" Für einen Moment gibt es so etwas wie Seligkeit. Aber dann kommen die kleinen Mühen und Plagen, die Sorgen und Ängste und überlagern das Geschenk des Himmels. Alles ist wieder verdeckt und vergessen.

Gott redet, aber seine Worte fallen zwischen Disteln und Dornen, auf steinigen Boden. „Die Sorgen der Welt, der Betrug des Reichtums und die Begierden nach allem andern dringen ein – ins Herz – und ersticken das Wort" (Markus 4,19).

Darum ist es gut, das Gehörte festzuhalten, wie Maria es tat, als ihr der Engel die Geburt Jesu ankündigte: „Sie behielt alle diese Worte und bewegte sie in ihrem Herzen“ (Lukas 2,19).

In den Sprüchen Salomos steht der Rat:
„Binde sie (Gottes Weisungen) dir aufs Herz, ... dass sie dich begleiten, wenn du gehst, dass sie dich bewachen, wenn du dich legst, dass sie zu dir sprechen, wenn du aufwachst“ (Sprüche 6,22).

Uns fällt es schwer, in aller Hektik auch nur einen Satz einen Tag lang festzuhalten. Aber wir könnten es üben. Vielleicht mit dem Wort aus dem Hebräerbrief (13,6): „Der Herr ist mein Helfer, ich will mich nicht fürchten.“

Der letzte Tag im alten Jahr

Wie wunderbar wäre es, wenn das alte Jahr noch eine Woche mehr hätte! Sieben Tage ohne Arbeit und Termine!

Ich würde in diesem Jahr so gern noch eine Geschichte schreiben, eine Collage machen. Ganz in Ruhe Musik hören, vielleicht wieder einmal Flöte spielen; das liebe Relikt aus der Studienzeit würde sich wohl noch an ein paar alte Töne erinnern. Ich könnte Briefe schreiben, Freunde besuchen ... weite Spaziergänge mit Lucy machen, so lang, dass sie freiwillig von ihrer Kaninchenjagd aus den Baumschulen zurückkäme und sich an die Leine nehmen ließe. Ich hätte sogar Zeit, die Küchenschränke aufzuräumen, restliche Hemden zu bügeln und Gardinen zu waschen.

Ach, ich sehe: Diese Woche würde wie ein Vakuum sofort auch Arbeit an sich ziehen, übervoll sein und wieder nicht reichen. Und ich wäre ganz erschöpft von all den Vorhaben. Es ist schon gut, dass auch dieses Jahr zu Ende geht, dass manches nicht fertig geworden ist, anderes nicht mal angefangen. Gut, dass nach einem Tag die Nacht kommt und nach 365 Tagen ein neues Jahr, ein neuer Anfang.

Wie wohltuend, dass dieses alte Jahr nicht einfach aufhört, sondern wir es heute Abend mit einem Gottesdienst abschließen dürfen, in dem wir Arbeit und Mühe aus der Hand legen und Gott für alles Gute danken.

Im neuen Jahr dürfen wir neuen Segen erbitten.

Wir werden singen: „Das alte Jahr vergangen ist“ und „Der du die Zeit in Händen hast, Herr, nimm auch dieses Jahres Last und wandle sie in Segen.“

Die Abendmahlsfeier dann als Vorfreude auf das Fest im Himmel, das nicht mehr aufhören wird, wo es nichts Vergängliches und nichts Unfertiges mehr gibt, keine Tränen.

Nach dem Gottesdienst werden wir mit unseren Kindern und ihren Freunden ein Fondue essen, und später, wenn sie zu ihren Einladungen gehen, werden wir noch mit unseren Freunden zusammensitzen und in aller Ruhe reden. Nicht von Arbeit, Erfolg und Misserfolg, sondern davon, was wir uns für das neue Jahr wünschen, worauf wir uns freuen, was wir erhoffen.

Um Mitternacht kommen dann in unserer Siedlung die Nachbarn aus ihren Häusern. Wir werden Raketen steigen lassen, uns umarmen und ein gutes Neues Jahr wünschen. „Frieden, Glück und Gesundheit“, wie Hans immer hinzufügt – auch wenn es statt eines klaren Sternenhimmels wieder Nieselregen sein wird. Wenn wir so dem Grau etwas Farbe beigemischt haben, werden wir in einem der Häuser ein Glas Sekt trinken und die kalten Hände am Kachelofen wärmen.

Drei Geschenke

Natascha schreibt mir einen Brief aus Frankreich und legt von Soeur Myriam dazu: ‚Bénediction' – ein Segen zum neuen Jahr. Wunderschön und fast unübersetzbar. Ich habe ihn immer wieder gelesen. Er könnte so lauten:

„Gott schenke es,
dass du dir aus jener Nacht
den einzigartigen Geschmack der Sterne,
der klaren Luft und des Windes bewahren kannst.
Die Würze einer Begegnung
und das helle Licht jener Nacht.
Auch – in Vertrauen und Demut – die Gewissheit,
dass du dazu berufen bist,
immer wieder neu geboren zu werden
und andere ins Leben zu rufen.
Und sieh doch, wie Gott sich erniedrigt,
und, ohne müde zu werden, darum bittet,
in dir zur Welt zu kommen.

Gott bittet uns und wartet auf unser „Ja". Welch große Ehre und Wertschätzung! Ich denke daran, wie Maria erschrickt, als der Engel ihr Gruß und Botschaft bringt.

„Welch ein Gruß ist das?!“

Oder wie der Beter des 8. Psalms im Anblick des weiten Sternenhimmels über der Wüste sagt: „Was ist der Mensch – dass du an ihn denkst?!“

Wir sehnen uns danach, wertvoll zu sein, einzigartig; geliebt von Menschen und auch von Gott.

Von dieser Sehnsucht weiß auch die Werbung. Sie spricht mich darauf an und verspricht Erfüllung. Das amerikanische Time-Magazin schickt mir einen großformatigen Brief, eine Urkunde, die mich dazu berechtigt, eine einzigartige Chance wahrzunehmen – nämlich eine Million Dollar zu gewinnen. Ich lache. Aber da sofort das Verfahren der Auszahlung mitgeteilt wird, lese ich weiter. Als „eine unter wenigen in Hamburg haben Sie die Chance“, Millionärin zu werden. Wir haben Sie, Frau Hanna Ahrens (zum fünften Mal die persönliche Anrede!) auserwählt, weil wir meinen, dass Sie es verdient haben.“

Ich lache etwas weniger. Stimmt ja! Und es wird immer wahrer.

„Ihr ganzes Leben haben Sie hart gearbeitet (Wie gut, dass es jedenfalls die Leute in Amerika merken!), jetzt ist es Zeit für eine Belohnung.“ (Genau!) „Vielleicht haben Sie die Glücksnummer schon in der Hand!“ (Warum plötzlich so zögernd? Ich habe es doch verdient!)

Und schon geht es wieder ganz um meine Person: „Sicher würden auch Ihre Nachbarn in Hamburg gern Millionäre werden ... Aber die Ahrens-Urkunde gehört ganz allein Ihnen!“ (Natürlich!)

„Machen Sie Ihr Glück. Kleben Sie die Marken: rot auf rot ...“

Ich klebe, sichere mir den Hauptgewinn, glaube, dass alles ganz unverbindlich ist, frankiere und schicke es sofort ab.

Als der Brief im Kasten ist, lese ich das Kleingedruckte – dezent versteckt auf der Innenseite des großen Umschlags: 500 Millionen solcher (einzigartigen) Urkunden seien verschickt worden. Die Gewinner würden erst in anderthalb Jahren bekannt gegeben! Was soll ich dann mit all dem Geld? Ich weiß ja gar nicht, ob ich dann noch lebe!

Mit meiner persönlichen Wertschätzung war es wohl doch nicht so ernst gemeint.

Ich halte mich lieber an das Sprichwort, das sagt: „Ein Spatz in der Hand ist besser als die Taube auf dem Dach."

Das kleine Glück in meiner Hand sind vier schwarzbraune Steine, erzhaltig und schwer. Micha hat sie im Wüstensand Australiens gefunden und für mich aufgesammelt, weil er weiß, dass ich Steine liebe.

Der Wind hatte den Sand verweht, aber die Steine waren wegen ihres Gewichts liegen geblieben, und er hatte sie nun bei sich getragen auf der langen Fahrt über den Kontinent, mehr als 9000 Kilometer.

Er hat sie auch in den folgenden sechs Monaten nicht verloren oder vergessen. Als er gestern zurückkam und seinen Koffer auspackte, holte er eine schwarze Filmdose heraus und gab mir die Steine. Sie sind einzigartig für mich: ein Stück des großen Kontinents – wo Micha und Isabelle geboren sind – und ein sichtbares Stück von Michas Liebe und Fürsorge.

Nähe und Ferne

Es ist Mitte Januar. Die Tage werden langsam heller, und heute scheint sogar die Sonne. Jetzt, am Nachmittag, fällt ihr Licht genau auf das Kinderfoto von Micha und Isabelle. Ihr weißblondes Haar leuchtet. Isabelle, gut zwei Jahre alt, sitzt in einer gelben Plastikwanne auf der Terrasse und drückt ein nasses Handtuch gegen ihre Brust. Das hilft auch bei tropischer Hitze. Micha, etwa vier, sitzt daneben und sieht ihr zu, ein wenig verträumt, in sich gekehrt. Worüber die beiden wohl gesprochen haben? Ihre Gespräche haben mich immer entzückt.

Ich erinnere mich an einen Badewannen-Dialog, als sie etwas älter waren. Isabelle sagte: „Oh, meine Ente is kaputt. Der Hals is reingebrocht!“

Micha: „Das heißt nicht reingebrocht, das heißt rausgefällt.“

Und ich denke: Wenn sie doch noch einmal so klein wären! So weich und anschmiegsam, so lieb und drollig – nur für einen Tag oder eine Stunde oder zwei Minuten.

Heute sind die beiden neunzehn und einundzwanzig.

Micha geht eben aus dem Haus. „Also, bis dann! Schließt die Zwischentür nicht ab! Wird spät!“

„Ja, gut. Viel Spaß!“

Isabelle putzt bei einer Frau in Stellingen die Fenster, ihr Taschengeld reichte wieder nicht. Einmal mit Freunden Griechisch essen gehen, einmal in die Stadt fahren, zwei Geburtstagsgeschenke kaufen, und schon ist das Geld zu Ende, der Monat aber leider nicht.

Während mein Herz noch an dem Foto „hängt“ und die Kinder mir mit ihrem Gesicht und ihrer Stimme ganz nahe sind, klingelt das Telefon. Frau Kapinski will mir nur sagen, dass der Frauenkreis sich für das Thema „Mütter und Töchter" entschieden habe. Die Frage sei: Wie wir mit dem umgehen können, was wir unseren Töchtern schuldig geblieben sind.

„Ja, gut! Ich komme. Donnerstag, 19.30 Uhr! Alles klar!" Alles klar? Ich finde es eher schwierig. Und schwer besonders für die Mütter. Zuerst sind uns die Kinder ganz nah, näher als unsere Haut. Dann halten wir sie im Arm und später an der Hand. Kaum können sie drei Schritte allein gehen, laufen sie weg. Ihr erstes Wort ist: Selber!

Ihre Welt wird mit jedem Tag größer und weiter. Irgendwann gehen sie ganz aus dem Haus.

Noch brauchen sie uns, aber vor allem brauchen sie andere Menschen, andere Sprachen und Länder, um herauszufinden, wer sie selbst sind oder sein wollen.

Mit dem Älterwerden der Kinder ist auch den Müttern wieder mehr „Spielraum" gegeben. Als ich auf eine Kreuzfahrt ging, um dort auf dem Schiff die Gottesdienste und Andachten zu halten, gab mir Micha – er war vielleicht zehn – einen Brief mit, den ich erst auf dem Schiff lesen durfte. Ich faltete die herausgerissene Zeichenblockseite auseinander:

„Liebe Mami, ich hoffe, dass du dir nicht sorgen um uns machst und mehr an deine erholung und Arbeit denkst." Darunter ein Gesicht: Micha als Vampir, Bleistiftzeichnung, das Ganze mit Phosphorfarbe übermalt, damit ich es auch in der Nacht sehen konnte. Dazu – halb schräg und ebenfalls leuchtend – der Satz:

„Damit du an mich denkst!"

Wie könnte ich ihn und meine Lieben – auch ohne Phosphor – je vergessen!

Heute sieht Micha Nähe und Distanz anders. Er machte mir ohne lange Vorankündigung die ernüchternde Mitteilung: „Also, eins ist mir schon lange klar! So wie Vater will ich nicht werden ... Aber so wie du ganz bestimmt auch nicht!“

Nach einer Schrecksekunde sagte ich: „Na, dann kann ja nichts schief gehen! Du sollst ja auch deinen eigenen Weg gehen.“

Auch ich wollte auf keinen Fall so werden wie meine Eltern, und das bin ich auch nicht; außer, dass ich den Salat so zubereite wie meine Mutter und Bücher so liebe wie mein Vater. Aber das sagt ja nichts.

Ich glaube, meine Eltern haben bei meinem Bruder und mir auch vieles falsch gemacht, und wir haben es überlebt. Auch wir erziehen unsere Kinder nicht so, wie wir sollten. Die viele Arbeit ist sicher kein Vorbild. Ich weiß, was ich den Kindern schuldig geblieben bin. Aber ich weiß auch, was sie versäumt haben und versäumen.

Wo Menschen so nah miteinander leben, geht es ohne Schuld und Verletzung nicht ab, aber Liebe heilt. So wie Gottes Liebe unsere Schuld gnädig durchstreicht. Versagen und Fehler, auch Lieblosigkeit sind da – auf beiden Seiten. Doch das Glück ist größer.

Wir schreiben uns Briefe und legen kleine Überraschungen hinein: ein Foto, einen blauen oder grünen Schein, einen Zweig ... Wir werden hoffentlich auch weiterhin miteinander reden und lachen und weinen können.

Als Micha in Australien sein Weihnachtspäckchen aufmachte und das gebackene Marzipan mit dem Tannenzweig aus unserem Garten sah – da wurde es plötzlich Weihnachten für ihn, trotz 40 Grad Hitze. Die Entfernung – ein halber

Erdumfang – fiel in sich zusammen, für ein paar Sekunden war er zu Hause.

Doch dann fuhr er mit seinem Freund auf das Große Barriere-Riff. Sie tauchten zwischen den neonfarbenen Fischen, und nun war dies das Schönste auf der Welt. Kleine und große Kinder – wie viel Nähe und Ferne wird uns zugemutet!

Aber die Liebe erträgt – fast! – alles!

Wenn es nichts zu lachen gibt

Wenn es einmal so sein sollte, dann verhilft die Komik der Dinge zur Heiterkeit. Mein Vorschlag: Lesen Sie einmal ganz gegen Ihre Gewohnheit Gebrauchsanweisungen!

Ich habe sie sonst auch erst gelesen, wenn der Staubsauger nicht saugte oder der Wecker nicht klingelte. Aber seit kurzem bin ich süchtig nach solchen Erklärungen. Am ergiebigsten sind natürlich aus fremden Sprachen übersetzte Bedienungsanleitungen, sei es nun für Mikrowellen, Videogeräte, Blumenzwiebeln oder Blusen. Bei einem japanischen Wecker hieß es:

„Drückt man den Knopf ‚Set', um die gespalte Zeit zu fassen, wenn sie Stille Zeit läuft innerlich ..." (so in einer Frauenzeitschrift abgedruckt).

Habe ich erst erfasst, wie es geht, verstehe ich auch die Anweisung.

Etwas leichter ist es bei meiner Hyazinthe mit Glas. „Füllen Sie Glas mit Wasser auf, und zwar so, dass die Unterseite des Zwiebels das Wasser nicht berührt. Stellen Sie auf einen kühlen, dunklen, gut ventilierten Fleck. Prüfen Sie jede Woche den Wasserpeil. Nach zehn bis zwölf Wochen können Sie den Zwiebel im Wohnzimmer stellen." Alles klar?

Ich wollte, ich könnte so gut Holländisch wie dieser Holländer Deutsch!

Gestern kaufte ich mir einen Pullover, neueste Frühjahrsmode, italienisch, kaffeebraun. An einem Naturbindfaden hing ein Klappschild (beige mit blauer Schrift): Lisa Campione. Frau Campione teilt mir mit:

„Das besondere Aussehen dieses Kleidungsstückes, das Sie soeben erworben haben, ist das Ergebnis einer besonderen Behandlung, die diesem einen informierten Look verleiht ..."

Gut, ich darf daraus schließen: Der Pullover weiß Bescheid. Er sieht jedenfalls so aus und gibt sich informiert, was ja auch eine Kunst ist; vor allem, wenn man nichts weiß. Wer würde sich solch einen ‚informierten Look' nicht wünschen, zum Beispiel bei Examen!

Informiert oder nicht (vielleicht auch: gut in Form), hat der Pullover aber noch keinesfalls den Gipfel seiner Qualität erreicht. Erst durch das Gewaschenwerden – was ja sonst alles verdirbt oder mindert – „erhält dieses Kleidungsstück noch mehr Persönlichkeit". Hoffentlich kann ich dann noch mithalten! Den ‚informierten Look' allerdings werde ich wohl nie schaffen. Würde mich sonst ein Verkäufer fragen: „Na, was haben wir denn auf dem Herzen?" – wenn ich mich suchend umsehe?

Der Kurzurlaub

In diesem Jahr hatten wir unseren Pfingsturlaub – zehn Tage Kreta – rechtzeitig gebucht, bereits Ende Januar. Der Gedanke an die warme Sonne Griechenlands machte den miesen Winter etwas erträglicher, und irgendwann war es April. Aber dann stellte sich heraus, dass unser Sohn gerade am Pfingstmontag ordiniert werden sollte. Da wollten wir doch nicht fehlen! Also stornierten wir unsere Buchungen. Aber es waren ja immerhin noch sieben Ferientage nach Pfingsten. Daraus ließ sich doch etwas machen! Ich schlug vor, nach Amrum zu fahren. Eine Insel gibt mir immer das stärkste Feriengefühl.

Mein Mann, der aus Nordfriesland stammt, also Wind und Wetter kennt, sagte: „Auf eine Insel willst du … Und da sitzt du dann in irgendeiner dummen Pension auf der Bettkante, ein halb gelöstes Kreuzworträtsel auf den Knien, und wartest, dass der Regen aufhört. Aber der Regen hört nicht auf. Also gehst du in ein Café und bestellst Apfelkuchen, der ausverkauft ist, weil alle in dieses Café gegangen sind. Lass uns lieber tagsüber an die Nordsee fahren und abends zurückkommen. Zu Hause haben wir's doch am besten!"

Als wir in dieser kreativen Phase der Urlaubsplanung waren, tickerte ein Fax durch unser Gerät. Drei Kollegen aus Peru kündigten ihren Besuch an – für Dienstagabend. Mittwoch würden sie weiterreisen.

Gut. Auf einen Urlaubstag mehr oder weniger kam es nicht an. Wir hießen sie willkommen. Dienstagnachmittag kaufte ich alle erdenklichen Zutaten für ein gutes Abendessen. Die Rindfleisch-Nudelsuppe hatte ich vormittags schon gekocht. Als ich – beladen mit Fleisch, Gemüse, Frühlingszwiebeln,

Knoblauch, Ingwer, Sojasoße und anderem – nach Hause kam, sagte mein Mann: „Du – es tut mir Leid – die Drei haben ihr Kommen auf Mittwoch verschoben."

„Kein Problem, wir haben ja einen Tiefkühlschrank. Aber dann ist es noch ein Ferientag weniger!"

„Ja, leider!"

Die Rindfleischsuppe aßen wir aus Verzweiflung, und weil es sich nun so ergab, selber. Auch unser Hund bekam seinen Teil und leckte sich noch lange die Schnauze. Die Suppe war ausgezeichnet.

„Könntest du morgen noch mal eine ähnliche Suppe kochen?", fragte mein Mann.

„Na klar!"

Also: Neue Nudelsuppe! Daraufhin wurde der Besuch wiederum verschoben. Ob es nicht auch Donnerstag oder Freitag ginge? Hätte ich eine andere Suppe kochen sollen?

„Tut mir Leid", hörte ich meinen Mann am Telefon sagen, „von Donnerstag bis Sonntag habe ich Urlaub. Es geht dann erst wieder ab Montag."

Diesen Entschluss zum Urlaub, zu vier freien Tagen, würden wir auch anderen Anrufern mitteilen! Das Telefon ließ nicht lange auf sich warten: Eine Studentin rief an, ein Verlag, ein Kollege, die Krankenkasse, Tante Hertha …

Ich sagte nur das Zauberwort: „Urlaub" – und alle Anfragen, Ansinnen und Anliegen wurden sofort zurückgezogen. Denn Urlaub ist unantastbar, heiliger als Weihnachten, Ostern und Pfingsten zusammen.

Aber nun mussten wir natürlich auch wegfahren. Wie wäre es mit St. Peter Ording? Eine gute Stunde Fahrt, und wir sind an der Nordsee! Ich packte den Picknickkorb. Wir griffen nach Hundeleine, Wassernapf und Trockenfutter.

Der Hund saß schon im Auto. Wir tankten und fuhren los. Es war auch gleich wie im richtigen Urlaub: Kaum auf der Autobahn, steckten wir im Stau. Während der Wartezeit dachte ich – wie schon oft: Habe ich den Herd ausgeschaltet, nachdem das Kaffeewasser kochte?

Etwa zwanzig Kilometer vor St. Peter ein Schild: „Badestrand."

„Wollen wir uns das nicht mal ansehen? Es muss ja nicht St. Peter sein. Hier ist es nicht so voll!"

Wir parkten das Auto vor dem Außendeich, gingen die kleine Treppe hoch durch das Schaftor und hatten einen weiten Blick über die ganze Bucht. Lucie interessierte sich mehr für die Schafe, weshalb wir sie anleinten. Wie schön war es, über die federnden Salzwiesen zu gehen. Um uns herum Strandnelken, Austernfischer, Regenpfeifer. Der Himmel wolkenlos blau, eine leichte Brise, wie immer am Meer.

„Ferien pur!", dachte ich. Wir setzten uns auf das kurze, harte Gras und packten unser Picknick aus, schließlich war es Mittagszeit.

„Willst du ein Schinkenbrot? Hier ist auch Wasser, Saft, Joghurt." Als Nachtisch gab es Kaffee und Waffelröllchen. Was könnte uns noch fehlen? Lucie schloss Freundschaft mit einem Berner Sennenhund und fragte, ob wir nicht hierher umziehen könnten. Wir gaben noch keine feste Zusage.

Nach dem Essen streckten wir uns auf dem Gras aus. Der Himmel hoch und weit, die Nordsee ganz flach, weil die Ebbe schon eingesetzt hatte. Wie herrlich war es, einfach so mit ausgebreiteten Armen auf dem Rücken zu liegen, nichts zu tun und nichts zu denken. Nur den Geruch von Gras und Meer einzuatmen. Ganz von selbst füllte sich das Herz mit Dank für diese wunderbare Schöpfung.

Aber irgendwann wurde die Sonne zu heiß. Ich stand auf und lief ein Stück über das Watt. Lucie folgte nur zögernd. Sie misstraute dem glitschigen Untergrund, genoss aber die Wärme des flachen Wassers und vor allem die Weite dieser Landschaft. Sie flog geradezu über das Watt. Scharen von Seevögeln flatterten erschrocken auf und ließen sich in sicherer Entfernung nieder. Aber Lucies Jagdtrieb war geweckt. Es macht Spaß, anderen Angst einzujagen. Ich rief sie zurück. Nach einer Weile kam sie – ganz erschöpft von diesem für Großstadthunde ungewohnten Sport.

Wir tranken noch einen Kaffee, freuten uns an den Farben von Land und Meer, an Stille und Einsamkeit, fanden aber: Nun war es auch genug! Wir könnten gut zurückfahren, vielleicht über Tönning und dort zwei Schollen kaufen für das Abendessen auf der Terrasse. In Speck gebratene Schollen und dazu ein Glas Weißwein! Herrlich! Und zwischendurch wäre noch Zeit, die Hauswand zu streichen, oder jedenfalls die Fenster. Denn morgen könnte es regnen!

Also fuhren wir zurück. Überall gelb-grüne Wiesen. Der Hahnenfuß stand in voller Blüte. An den Wegrändern und in den Gräben blau-violette Lupinen, hunderte von Kerzen! Dazwischen roter Sauerampfer. Ich pflückte einen großen Strauß. Gegen fünf Uhr waren wir wieder zu Hause.

Welch ein herrlicher Sechs-Stunden-Urlaub! Es gab keine Langeweile, keinen Regen, keine Kreuzworträtsel auf der Bettkante – nicht einmal Kurtaxe!

Und heute Abend bei Scholle und Wein würden wir außer dem Urlaubsglück noch die tiefe Befriedigung spüren, etwas geschafft zu haben. Die Hauswand war wieder weiß.

Was wir mit den restlichen drei Urlaubstagen gemacht haben? An die Nordsee sind wir nicht mehr gefahren. Da waren wir ja schon. Dazu wäre auch kaum Zeit gewesen. Mein Mann kaufte sich endlich den dringend benötigten Sommeranzug, ich meine Sandalen. Von Johannes wurden wir zu einem Gartenfest eingeladen. Am Sonntag pflegten wir ein krankes Enkelkind, kauften vorher Spargel, Erdbeeren, Gurken, Melonen und Blumen auf dem Fischmarkt. Wir schälten Spargel, kochten Marmelade, telefonierten und schrieben Briefe. Am Ende unseres Urlaubs brachten wir Isabelle ins Krankenhaus, die wegen einer akuten Blinddarmentzündung plötzlich operiert werden musste. Gut, dass wir nicht auf Kreta waren!

Unser Urlaub war kurz, aber er enthielt alles, was zu dieser „schönsten Zeit des Jahres" gehört: Ein wenig Sonnenbrand, die Weite von Himmel und Meer, Vogelschwärme. Nichtstun und Großstadtrummel. Pflege und Krankentransport gab es zusätzlich. Und vor allem die ganz neue Erkenntnis, dass, wer Gäste (die zu unpassender Zeit kommen) vertreiben will, Rindfleisch-Nudelsuppe kochen muss. Aber eine gute!

Luft zum Atmen

In meinem Garten wächst Rittersporn. Ich liebe ihn wegen seiner herrlichen Blautöne – vom tiefen Violett und Blau bis zu den hellen Farben des Sommerhimmels. Jedes Jahr kaufe ich einige Pflanzen. Aber immer verschwinden sie – obwohl mehrjährig! – spurlos; sie lösen sich einfach auf.

Ich fragte im Gartencenter. Die Antwort hieß: „Mit Rittersporn muss man Glück haben!" Ich hatte dieses Glück offenbar nicht. Mein Rittersporn blüht, welkt, wird von Mehltau befallen oder von Schnecken aufgefressen und schafft es nie, ein zweites Mal zu blühen oder gar im nächsten Jahr wieder auszutreiben.

Gestern habe ich erfahren, woran es liegt. Als ich im Garten eines Freundes dessen kräftig blühende Pflanzen bewunderte, erklärte er mir: „Rittersporn muss allein stehen. Er mag keine anderen Pflanzen in seiner unmittelbaren Nähe – auch keinen anderen Rittersporn. Das verträgt er nicht!"

Bisher hatte ich immer alle möglichen Blautöne nah zusammengepflanzt, um mich an Farbfülle und Vielfalt zu freuen. Also grabe ich meinen Rittersporn am nächsten Morgen vorsichtig aus und verteile die einzelnen Pflanzen weiträumig im Beet. Die Sonne kann sie nun von allen Seiten bescheinen. Gespannt warte ich auf eine zweite Blüte und auf ein erneutes Sprießen im Frühjahr.

Als ich die Pflanzen in der Hand halte und einen guten, geräumigen Platz für sie suche, denke ich: Raum um mich herum, Luft und Licht zum Atmen – das brauche ich auch. Jeder braucht es. Menschen werden krank, wenn sie nicht genug Lebensraum haben und Möglichkeiten, sich zu entfalten. Enge ist bedrückend und macht Angst. Manche Menschen leiden unter Platzangst – im Flugzeug oder im Kino, auch mitten in einer Menschenmenge.

Im Alten Testament wird das Volk Israel mit einem Weinstock verglichen, den Gott aus Ägypten geholt und eingepflanzt hat. „Du hast vor ihm Raum gemacht und hast ihn einwurzeln lassen“, heißt es in Psalm 80. So konnte er wachsen und ganze Berge bedecken. Gott verspricht seinem Volk: „Ich will deinen Lebensraum weit machen“ (2. Mose 34,24). Weite war für ein Nomadenvolk mit seinen großen Herden das Wichtigste.

Im Jemen, den ich vor einigen Monaten bereiste, gibt es noch heute die herrliche Begrüßungsformel: „Möge deine Familie gedeihen, mögen deine Wege eben und deine Weidegründe weit sein!“

Aber manchmal ist unser Leben nicht durch äußeren Raummangel bedroht, sondern durch ein Gefühl der Enge und Beklemmung. Wenn – zum Beispiel – eine Krankheit kommt und das Leben einschränkt. Wenn Mutlosigkeit und Angst die freie Entfaltung lähmen. Wenn Sorgen um die Zukunft so stark werden, dass die Gegenwart darin ganz untergeht und mit ihr der Mensch. Dann tut es gut zu wissen, dass Gott – wie einst zu Mose – auch zu uns sagt: „Es ist Raum bei mir, da kannst du stehen“ (2. Mose 33,21). Da kannst du zur Ruhe kommen und Frieden finden. Nicht um einzuschlafen, sondern um neu zu wachsen und zu blühen. Mit neuem Mut und neuer Kraft.

Der Psalm 27 erzählt von einem Menschen, der von unzähligen „Feinden“ umgeben war. Zu den Feinden gehörte alles, was sein Leben bedrohte. Als er sich in seiner Angst an Gott wandte, hat er erfahren: „Er, Gott, hebt mich auf einen Felsen empor.“

Er gibt mir einen Platz, wo ich außer Gefahr bin und mich wieder neu orientieren kann. Nun kann ich aufatmen. Gibt es solche Erfahrungen auch heute?

Kürzlich schrieb mir eine Frau von einem Erlebnis vor ihrer Krebsoperation. Sie lag in ihrem Krankenhausbett und wartete auf das Untersuchungsergebnis. Würde der Arzt ihr die Wahrheit sagen? Hatte sie eine Chance?

Es war ein grauer Tag, Regen und Wind. Plötzlich kam etwas Sonne durch die Wolken, und am Himmel erstrahlte ein wunderbarer Regenbogen – genau vor ihrem Fenster.

„Der ist für mich!“, dachte sie, „den schenkt Gott mir jetzt in meiner Angst und Unruhe!“

Ihr fiel das Wort ein, das Gott nach der Sintflut zu Noah gesprochen hatte: „Wenn ich Wetterwolken über die Erde führe, so soll man meinen Bogen sehen in den Wolken.“ „Wetterwolken“ gab es genug, aber nun auch dieses Zeichen von Gottes Treue und seiner Nähe.

Für die schwer kranke Frau war es, als ob Gott sie aus der Enge des Krankenhauszimmers und der Angst ihres Herzens herausgeführt hätte. Sie war so erfüllt von dieser freundlichen Zuwendung Gottes, dass sie mit großer Ruhe und Zuversicht in die Operation hineinging. Nun erholt sie sich langsam von dem großen Eingriff.

Das Zitronenzimmer

Mit einem Zitronenbaum – vom lehmigen Acker Siziliens in ein Hamburger Garten-Center verpflanzt – fing alles an. Eigentlich wollte ich an diesem Samstag vor dem ersten Advent Tannenzweige, Christrosen und andere Dinge kaufen, als da plötzlich dieses Wunder aus Grün und Gelb vor mir stand: reife Zitronen, kleinere grüne Früchte und viele weiße Blüten, von denen ein starker Duft ausging. Die Zweige spiralförmig um ein Gestell aus Draht und Bambus gebunden.

Ich vergaß alles, was auf meiner Einkaufsliste stand, und kaufte den Baum. Er sollte in meinem neuen Zimmer stehen, das nach Isabelles Auszug noch ganz leer war und erst renoviert werden musste.

Ein Baum mitten im Zimmer! Oder am Südfenster! Den schönsten Platz sollte er haben. Mein Schreibtisch konnte auch woanders stehen, ich war ja an das nördliche Klima gewöhnt und konnte mich arrangieren. Gut sollte er es haben in seinem Exil!

Vorsichtig beförderte ich dieses südliche Sonnenwunder durch die regennassen Straßen Hamburgs. Kein Zweig durfte abbrechen. Welch ein Glück, solch einen Baum zu besitzen!

Zu Hause las ich – ganz gegen meine Gewohnheit – die Pflegeanleitung. Am wichtigsten sei die richtige Überwinterung und zwar bei Temperaturen zwischen 4 und 8 Grad, auf keinen Fall aber im beheizten Zimmer! Aus der Traum! Ich könnte natürlich die Heizung abstellen und mit Fingerhandschuhen auf der Maschine schreiben. Hauptsache die Zitronen schwitzen nicht! Aber das war keine Dauerlösung.

Also kam der Baum ins Souterrain, wo es hell und kühl war. Ich konnte ihn ja besuchen und sein Wohlergehen überprüfen. Er wollte es so! Mit viel Ruhe, ein wenig Wasser und Sonne kam er über den Winter und trieb dabei sogar neue Zweige. Von diesem verborgenen Platz aus beflügelte er meine Phantasie: Nach ihm sollten sich die Farben in meinem Zimmer richten!

Der neu gelegte Teppichboden war zwar blau-grau, aber all die kleinen Details, die für die Atmosphäre eines Raumes so wichtig sind, würden grün oder gelb sein: die Gardinen, die Übertöpfe und Kaffeebecher. Ich kaufte gelbe Sets, Servietten und Kerzen, Zitronen für eine Schale, fand einen schönen Druck von Koller: eine große gelbe Blüte. Auf die Fensterbank kam eine gelbe Gießkanne. Einige der Schnellhefter waren grün.

Als ich mir dann noch eine eidottergelbe Jacke gekauft hatte, regten sich erste Zweifel. Gab es so etwas wie eine Gelbsucht auch beim Einrichten? Jetzt musste Schluss sein! Andrerseits waren diese Gelb- und Grün-Töne ein wunderbares Gegengewicht zum Grau des Hamburger Winters. Ich fragte mich, wieso Einrichtungshäuser nicht schon längst auf diese Idee gekommen waren?

Weil noch ein paar Kleinigkeiten fehlten, fuhr ich zu Ikea – ganz in der Nähe. Ich konnte es nicht fassen: Ganz Ikea war eine einzige Zitronenlandschaft! Zitronen auf Tellern und Servietten, auf Stoffen, Bettbezügen und Handtüchern, auf Sitzkissen, Hockern und Liegestühlen. Das war nicht fair! Es war doch meine Idee … genauer: die meines Zitronenbaums! Und nun gab es Millionen von Zitronen über ganz Deutschland verteilt.

Die Originalität war dahin. Aber mein Zimmer blieb schön: Die wenigen alten Möbel, dunkel und nicht sehr groß, bildeten einen guten Kontrast zu den hellen Farben. Meine neu gekauften Rattansessel mit grün-gelben Polstern wirkten leicht und heiter, dazu der kleine Tisch mit den gelben Bechern.

Am Nachmittag kam Isabelle, um das neue Zimmer bei einer Tasse Tee einzuweihen. Den Zitronenbaum hatte ich – weil es inzwischen März war – aus seiner Verbannung zurückgeholt, er sah wunderschön aus.

Isabelle zog mit geheimnisvoller Miene eine braune Tüte aus ihrer Einkaufstasche: „Ich habe dir etwas mitgebracht, was garantiert in dein Zimmer passt! Ich war nämlich bei Ikea! Und – stell dir vor …"

„Ich weiß: Zitronen! Ich war auch da!"

Meine Tochter hatte Teller und Servietten gekauft, die wirklich gut passten. „Jetzt", sagte sie, „fehlt nur noch ein Schild an deiner Tür: „Zitronenzimmer" oder „Lemonsuite"!

Als meine Nachbarin ein paar Tage später kam, um mein Arbeitszimmer anzusehen, meinte sie: „Schön! Es ist wirklich schön! Genießt du nun dein neues Domizil?"

„Ich freue mich sehr, aber zum Genießen bin ich noch gar nicht gekommen. Es gab immer noch etwas zu erledigen. Doch jetzt ist Schluss! Nun will ich hier arbeiten und leben und erst mal heimisch werden."

Aber das braucht Zeit, auch ein inneres Zur-Ruhe-Kommen. Mein Herz, das so viele kleine Dinge zu bedenken hatte: Farbe, Pinsel, Schrauben, Nägel, Hammer, Kneifzange, Bilder, Lampen … muss erst wieder zur Ruhe zurückfinden. Ich sehne mich danach zu lesen, ohne dass hundert andere Gedanken dazwischenkommen. Ich will wieder anfangen, über Texte der Bibel nachzudenken, und von daher neu mit dem Schreiben beginnen.

Ich freue mich auch darauf, wieder auf meiner Querflöte zu spielen, vielleicht die Loeillet-Sonate, die ich neulich im Michel hörte und so liebe. Ich werde mit den leichteren Teilen anfangen. Und dann möchte ich Collagen schneiden, und wenn es Zeit fürs Mittagessen ist, kann ich einfach alles liegen lassen. Es ist ja nun mein Zimmer.

Am liebsten wäre ich den ganzen Tag hier, aber manchmal schaffe ich es nicht einmal für eine Stunde. Dann schleiche ich mich vor dem Schlafengehen noch für ein paar Minuten hier herein, versinke im Rattansessel und bin einfach nur glücklich. Das Zimmer ist wie eine Oase mitten in aller Hektik. Ich glaube, Gott gönnt uns solche Atempausen, er, der selber von seinem Schöpfungswerk ausruhte und sich „erquickte".

Wenn Freude verloren geht

Freude ist etwas Wunderbares, ein Lebenselixir. Wenn ich mich freue, geht alles ganz leicht. Mir wachsen geradezu Flügel, die mich über Schwierigkeiten hinwegtragen. An solchen Tagen macht es mir nichts aus, klebrige Küchenschränke zu putzen. Wenn Menschen mich um etwas bitten, sage ich: „Kein Problem! Wird sofort erledigt!"

Freude ist ein herrliches Gefühl. Wenn sie da ist, kann so ziemlich alles andere fehlen. Aber ohne Freude nützt auch der größte Luxus nichts. Das Leben ist fade und glanzlos.

Freude hat viele Gesichter: Ich freue mich, wenn ich geliebt werde und lieben kann. Wenn ich die Schönheit der Schöpfung sehe: Blumen und Wolken, Land und Meer. Ich freue mich an Begegnungen mit Menschen, die ich gern mag, und bin glücklich, wenn mir meine Arbeit gelingt. Da ich freiberuflich arbeite, kann ich mir Zeit und Umfang meiner Arbeit selbst einteilen.

Trotzdem ist an manchen Tagen die Freude dünn gesät. Liegt das an den Hormonen oder daran, dass ich manchmal sehr undankbar bin und immer mehr will, aber nicht sehe, wie viel ich habe? Ich habe außer meinem Beruf eine wunderbare Familie, Schwiegerkinder, Enkelkinder, Freunde, gute Nachbarn und meine Jack-Russel-Hündin Lucie.

Trotzdem gibt es Tage, an denen das Mühsame überwiegt, nicht weil viel Arbeit da wäre (ich arbeite gern, viel und schnell), sondern weil mich Zweifel an meiner Arbeit plagen. Und die Unsicherheit, ob mir nach einem fertig gestellten Buch je wieder etwas Neues einfällt. Und wenn nicht, was dann? An solchen Tagen meide ich den Schreibtisch und fange an, im Garten Unkraut zu jäten oder neue Blumen zu pflanzen. Da sieht man, was man tut.

Bei freiberuflicher Arbeit bin ich mein eigener Chef, muss mich also fragen: Habe ich genug getan oder zu viel? Wird dieses Thema überhaupt jemanden interessieren? Warum schreibe ich eigentlich?

Wie wohltuend ist dann der Brief einer Leserin, die schreibt: „Wenn ich reif bin für die Insel, vertiefe ich mich in eines Ihrer Bücher. Das tut mir dann einfach gut." Wie freundlich, mir das zu sagen! Mein Herz jubelt, und ich denke, vielleicht sollte ich auch versuchen, einem anderen Menschen, dem es nicht gut geht, eine Freude zu machen. Am besten gleich.

Ich telefoniere mit einer älteren Dame aus dem Seniorenheim – die ich ein wenig kenne – und biete ihr an, sie am Nachmittag für eine Tasse Kaffee abzuholen. Sie freut sich und sagt zu.

Als sie mein Zimmer betritt, sieht sie sich um und interessiert sich für alles Mögliche, besonders aber für meine alte Bibel. Ich habe sie von einem befreundeten Pastor geerbt. Sie liegt aufgeschlagen auf einer schmalen, hohen Kommode. Ich schlage immer die Kapitel oder Verse auf, die mir gerade wichtig sind. Darum bin ich etwas verwirrt und auch verletzt, als sie anfängt, in der Bibel zu blättern. Einfach so, ohne zu fragen. Sie betrachtet die Bilder, die alte gotische Schrift, den Einband und lässt sie dann – irgendwo anders aufgeschlagen – dort liegen.

Wir setzen uns zum Kaffee, reden über dies und das. Der Kuchen schmeckt gut. Gegen Abend fahre ich sie wieder zurück. Sie bedankt sich herzlich, es sei sehr interessant gewesen.

Als Erstes gehe ich in mein Zimmer – ich wusste gar nicht, dass ich so empfindlich bin! –, um die Bibel wieder an „meiner“ Stelle aufzuschlagen. Dabei fällt mein Blick auf die jetzt offen vor mir liegende Seite: Jesaja, Kapitel 45:

„Ich will dir heimliche Schätze geben
und verborgene Kleinode,
damit du erkennst, dass ich der Herr bin,
der dich bei deinem Namen ruft …“

Was Gott einst seinem Volk versprochen hat, das höre ich jetzt für mich: „Schätze und Kleinode“! Wie wunderbar! Nicht ich allein muss alles machen und schaffen, Gott wird mir etwas Kostbares schenken. Eigentlich wollte ich der alten

Dame eine kleine Freude machen, und nun wird mir etwas so Großes geschenkt.

Mit der Freude ist es wie mit glitschigen Fischen. Greift man nach ihr, entwischt sie einem. Aber manchmal fällt sie uns zu – ganz unerwartet –, und immer dürfen wir Gott um Freude bitten, denn er hat gesagt: „Es soll meine Lust sein, dass ich ihnen Gutes tue" (Jeremia 32,40).

Fitness, die von innen kommt

Wer fit ist, hat mehr Power. Er sieht jünger aus, ist gut drauf und hat eine bessere Ausstrahlung. Wer wünscht sich das nicht?

Aber solch ein gesteigertes Lebensgefühl gibt's nicht zum Nulltarif. Es verlangt Disziplin und Training, den guten Willen, die Muskeln zu bewegen, auch wenn's wehtut. Hier liegt der Hase im Pfeffer. Mein Hase jedenfalls.

Ich bin ein Gymnastikmuffel, leider! Gegen Radfahren und Schwimmen habe ich nichts. Schwimmen im Meer ist herrlich, aber in den Chlorwasserbahnen einer Schwimmhalle morgens um sieben zwischen all den Pflichtbewussten, die ihre Längen zählen, oder mittags zusammen mit dreißig Drittklässlern, die spritzen und kreischen – nein danke! Der Verstand sagt zwar: „Tu's! Es ist gut!" Aber das Herz antwortet: „Heute nicht!"

„Das Herz hat seine Gründe, die der Verstand nicht kennt",

formulierte Blaise Pascal vor dreihundert Jahren, wobei er diese Wahrheit natürlich nicht nur aufs Schwimmen bezog.

Aber nehmen wir einmal an, ich lasse mich zu einem Fitness-Programm, das in fast jeder Frauenzeitschrift angeboten wird, überreden und melde mich an. Dann kann ich heute das Leben ja noch genießen ... in einem Liegestuhl auf der Terrasse zum Beispiel. Ich nehme ein paar Zeitschriften und blättere darin. Eigentlich sehen die Übungen ganz leicht aus. Die Frau, die sie vorführt, lächelt.

Und wer es allein nicht schafft, dem werden Fitness-Farmen und -Hotels angeboten. Neben dem morgendlichen Muskeltraining geht es hier vor allem darum, die „im Alltag erstickte Seele herauszulocken".

Das lockt mich schon eher. Atemübungen und das Trinken von viel abgekochtem Wasser, das mit Zitrone, Zimt oder Ingwer gewürzt ist, dienen der Reinigung. Bäder und Massagen wirken entspannend.

Ich selbst wünsche mir neben der körperlichen Fitness, die sich natürlich auch auf die Seele auswirkt, so etwas wie ein inneres Fitsein, eine Kraft des Herzens, die mir hilft, Schweres und Mühsames auszuhalten oder – wenn möglich – zu verändern. Ich brauche mehr Kraft, als ich habe, um bei Enttäuschungen, Lieblosigkeit und Ungerechtigkeit nicht bitter zu werden, sondern dem Leben mit Liebe zu begegnen. Für solche Fitness gibt es kein Training. Oder doch?

Es ist eher eine kleine Übung, die für mich zur Gewohnheit geworden ist. Morgens, bevor ich aufstehe, bitte ich: „Herr, fülle mich mit deiner Kraft. Begegne du mir in den Menschen und Ereignissen dieses Tages. Schenke mir deine Liebe."

Seit Jahrtausenden haben sich Menschen so dem Himmel und seiner Kraft geöffnet. Sie konnten dann ganz mutig – fast übermütig – sagen: „Mit meinem Gott kann ich über Mauern springen."

Eine Fitness besonderer Art!

Der Geschmack des Himmels

Ich hatte das Glück, einige Jahre unter einem Mangobaum zu wohnen. Das war damals in Papua Neuguinea. Der alte Baum stand hoch über unserer Holzbaracke. Wenn die Mangos reif wurden und ins Gras fielen, sammelten wir sie auf und aßen sie oder kochten Marmelade und Chutney daraus. Es waren nicht die rot-gelben, faserfreien Früchte, wie sie auf den Philippinen und anderswo wachsen und hier überall zu kaufen sind. Unsere Mangos – von Fasern durchsetzt – waren klein und grün. Zu Anfang fanden wir, dass sie etwas nach Petroleum schmeckten. Aber wir gewöhnten uns daran und liebten sie als eine willkommene Abwechslung zur sonstigen Ernährung aus Dosen.

Wenn Gäste kamen, aßen sie unsere Mangos und versicherten, diesen Geschmack würden sie ihr Leben lang nicht vergessen. Auch ich spüre ihn noch jetzt auf der Zunge, wenn ich daran denke. Und manchmal ertappe ich mich dabei, dass ich in Supermärkten nach kleinen grünen Früchten suche, die etwas von diesem Geschmack haben.

Wie Mangos wirklich schmecken, ist kaum zu beschreiben. Man muss sie essen, in das gelbe Fruchtfleisch hineinbeißen und ihr Aroma genießen. Wer einmal auf den Geschmack gekommen ist, wird sie immer lieben.

Ähnlich ist es mit dem Geschmack des Himmels. Er lässt sich nur schwer beschreiben: Es ist Gottes Freundlichkeit, seine Zuwendung zu uns, sein Wort und sein Geist in unserer Mitte. Man kann nur andeutungsweise davon erzählen.

Wenn Gott mit uns redet, kann es sein wie ein brennendes Feuer im Herzen (Jeremia 20,9) oder wie ein Hammer, der Felsen zerschlägt. Ein anderes Mal ist sein Wort süß wie Honig (Hesekiel 3,3) oder sanft wie das Säuseln des Windes (1. Könige 19,12).

Die leisen Töne überhöre ich leicht, und manchmal höre ich überhaupt nichts. Ich fühle auch nichts und denke: Mein kleines Leben ist doch ganz unwichtig, – dem Himmel egal! Ich rufe zu Gott, aber er antwortet nicht!

Martin Luther hat diesen Zustand mit „Anfechtung" bezeichnet. Aber gerade wenn er an Gottes Freundlichkeit zweifelte und in Traurigkeit versank, hielt er sich am Wort der Bibel fest: „Ich bin dein Gott!" In seinen Tischreden (1543) ermahnte er seine Tischgenossen: „Wir sollen uns aufs (ans) Wort halten und uns so hinausschleppen lassen." Wir sollen glauben gegen alle Gefühle und Erfahrungen.

Gott mutet uns solche dürren und dunklen Zeiten zu. Wenn er selbst uns dann aber in unserer Traurigkeit und Leere unterbricht, ist es wie ein Vorgeschmack des Himmels.

Ich erinnere mich an einen Novembertag. Es war um die Mittagsstunde. Ich sollte über das Thema „Freude" sprechen, aber ich selbst war ganz ohne Freude, müde und leer. Ich ging ein Stück aus dem Dorf heraus an einen kleinen Baggersee, über dem ein diffuses Licht lag. Und während ich durch das fahle Gras am See entlang lief, sagte ich: „Jesus, du auferstandener Herr, ich bitte dich um Freude!" Da war es plötzlich, als wäre der Auferstandene ganz nah. Eine Welle von Freude überflutete mich, so dass ich meinen Dank nur stammeln konnte. Seligkeit für Sekunden.

Als ich einige Stunden später im Zug saß, um nach Hause zu fahren, war dieses Glück immer noch in mir. Ich wusste, es würde verblassen. Aber ich wollte nicht vergessen: Jesus hört, wenn wir zu ihm rufen.

Wellness pur

Wellness! Ein Kunst- und Modewort. Im Duden müsste es zwischen Wellhornschnecke und Wellpappe stehen. Das tut es aber nicht. Im Englischlexikon kommt es auch nicht vor. Doch jeder weiß: Es geht darum, dass man sich wohl fühlt und verwöhnt wird: mit Massagen und Kosmetik, Musik und Harmonie. Beim Peeling welch ein Feeling! Eine Schlammpackung für die Schlaffen, und nach dem Kräuterbad in der Zinkwanne geht's ins Strohbett. Der Phantasie sind keine Grenzen gesetzt. Man bietet an, was sich verkaufen lässt.

Wellness-Farmen boomen, weil die Sehnsucht, verwöhnt zu werden, groß ist. Im Alltag, wo es um Power, Erfolg und Tempo geht, fehlen die Streicheleinheiten. Da sind Wohlbefinden und Entspannung kein Thema.

Wenn ich sehe, wie genüsslich sich Lucie, unsere Hündin,

auf dem Rasen in der Sonne räkelt, wie sie alle vier Pfoten in die Luft streckt oder flach im warmen Gras liegt, mit so viel Bodenhaftung wie möglich, denke ich: Das haben wir – vor lauter Arbeit – verlernt!

Aber heute hätte ich eigentlich Zeit, so faul wie Lucie im Gras zu liegen oder noch lieber im Liegestuhl. Ich könnte mir Musik anstellen und meine freie Zeit ohne Arbeit und Störungen genießen. Warum eigentlich nicht?

Es ist Ende Juni, die Kletterrosen sind auf dem Höhepunkt ihrer Pracht. Wie schön ist es, einfach so in den fast blauen Himmel hinein zu träumen. Es klingelt. Nein, nicht im Traum, sondern an unserer Haustür. Da keiner von der Familie da ist, gehe ich hin und öffne.

„Guten Tag“, sagt ein korrekt gekleideter junger Mann. „Wir führen hier eine kleine Befragung durch. Haben Sie einen Hund?“

„Ja.“

„Verliert der Hund manchmal Haare?“

„Ja.“

„Und die fallen dann auf den Teppich?“

„Ja.“

„Dann haben Sie also Milben im Teppich?“

„Kann schon sein! Aber warum interessiert Sie das?“

„Wir können Ihnen heute ein Produkt anbieten, das die schädlichen ...“

„Nein, danke! Heute nicht. Vielen Dank!“

Milbenbefragung in der Mittagsstunde! Zurück zum Liegestuhl! Wie wunderschön ist mein Garten! Aber die Fuchsien hängen so! Kein Wunder, die Erde ist knochentrocken. Also begießen, am besten gleich. Und wieso wächst hier schon wieder Unkraut, sogar Giersch?

Mit beiden Händen wühle ich in der Erde, was für mich ein besonderes Wohlgefühl ist – da geht das Telefon. Lass es klingeln! Niemand muss immer erreichbar sein.

Aber meine Tochter ist inzwischen ins Haus gekommen und hat den Hörer abgenommen. Sie hält ihn mir hin: „Für dich! Es ist Anne aus Miami …"

Mit zwei Fingern halte ich das Telefon: „Anne, welch eine Überraschung!"

„Ich umarme dich! Wie geht's? Gut? … Prima! … Du, ich hab eine Bitte! Tust du mir einen Gefallen?"

„Jeden!"

„Wir haben von der letzten Reise noch zwei Koffer auf dem Kreuzfahrtschiff gelassen, das übermorgen nach Hamburg kommt. Kannst du das Gepäck für uns abholen?"

„Klar! Kein Problem. Tu ich gern!"

„Wir kommen im August zu euch, dann sehen wir uns mal wieder! Endlich!"

Ich freue mich und bin plötzlich weder müde noch erholungsbedürftig. Das ist auch gut, denn meine Nachbarin steht mit dem Kinderwagen am Gartentor und sagt: „Er schläft gerade, aber ich muss Sylvia aus der Schule abholen. Kann ich ihn mal hier stehen lassen, nur eine gute halbe Stunde?"

Selbstverständlich. Wie schön, mal wieder ein Baby im Haus zu haben!" Niklas schläft tief und fest. Aber kaum ist seine Mutter gegangen, wacht er auf und will beschäftigt werden. Wie faszinierend ein drei Monate altes Baby ist! Ich hatte das fast vergessen. Es fällt mir schwer, ihn wieder herzugeben, als Frau Fährmann zurückkommt.

„Übrigens", sagt sie, „was ich Sie schon länger fragen wollte … Meine Rosen kümmern so vor sich hin, die blühen gar nicht richtig. Könnten Sie mal sehen, woran das liegt?"

„Gern!“

Die Rosen litten unter Trockenheit. Sie sind nun mal keine Wüstenpflanzen. Also: Wasser, etwas Dünger und Rindenmulch, der den Boden feucht hält.

„Danke, mach’ ich sofort!“

Nachdem nun Milben, Fuchsien, Koffer, Babys und Rosen versorgt sind, gehört der Rest des Tages mir. Viel Zeit zum Sich-wohl-Fühlen ... wenn Lucie nicht wäre! Sie erinnert mich daran, dass es jetzt Zeit für ihren Spaziergang ist, und da lässt sie nicht mit sich reden. Also greife ich nach der Hundeleine, und los geht’s! Bewegung ist ja wichtig fürs Wohlgefühl.

Wie herrlich duften die Holunderblüten! Ich atme tief durch. Aroma-Therapie vom Feinsten und ganz umsonst! (Manchmal habe ich auf meinem Schreibtisch einen Strauß aus dem Kräutergarten: Zitronenmelisse, Pfefferminzkraut, Rosmarin und Thymian. Ich zerdrücke ein paar Blätter zwischen den Fingern und rieche daran. Das tut gut und erfrischt.)

Als ich mit Lucie zurückkomme, sehe ich in der Küche die Erdbeeren stehen. Richtig! Ich wollte ja noch Marmelade kochen. Es ist ein gutes Gefühl, ein paar Gläser als Vorrat zu haben für den Herbst und Winter. Ich empfinde da wie Eichhörnchen und Hamster.

Nachher werde ich noch etwas lesen und schreiben. Später am Abend, wenn mein Mann seine Arbeit beendet hat, trinken wir vielleicht ein Glas Wein zusammen. Die langen, hellen Abende jetzt Ende Juni sind wunderbar. Und schließlich steht schon in den Psalmen: „Der Wein erfreut des Menschen Herz.“ Man kann es auch in dem Buch Jesus Sirach nachlesen: „Es ist kein schändlicheres Ding, als dass einer sich selbst nichts Gutes gönnt. Denn wer sich selber nichts Gutes tut, was sollte der anderen tun?" Solch ein Satz könnte fast über dem Eingang einer Wellness-Farm stehen!

Zum Wohlgefühl gehört für mich eine Mischung aus aktiven und passiven Elementen: Ich genieße die Ruhe – aber sie darf unterbrochen werden. Ich freue mich über mein Glück, möchte es aber mit anderen teilen. Entspannung, Gelassenheit und Wohlgefühl kommen für mich aus der Geborgenheit, die ich bei Gott habe. Bei Gott, „der mich hütet wie seinen Augapfel".

Wenn ich ihm dafür ein Danklied singe, ist das Glück fast vollkommen, und die „Wellness" reicht tiefer als bis in die Poren der Haut, sie reicht bis ins Herz.

Zeichen der Zuwendung

Gestern rief eine Dame aus Celle an. Ob sie mich sprechen könne. Sie sei Ungarin. Es gäbe ein Problem.

Ich zögerte und sagte: „Gern, aber ich bin keine Beratungspastorin. Ich weiß nicht, ob ich Ihnen helfen kann. Vielleicht gibt es in Celle jemanden, der ..."

„Nein, nein! Ich will mit Ihnen sprechen. Ich habe Ihre Bücher gelesen und die Blätter im Neukirchener Kalender ... Wann kann ich kommen? Morgen?"

„Gut. Also morgen!"

Gegen elf Uhr stand sie vor unserer Tür. Da es heiß war, bot ich ihr kalten Saft an, aber sie trank kaum, sondern begann sofort zu erzählen, unzusammenhängend, weit ausholend. Aus einer jüdischen Familie stamme sie, sei aber getauft worden. Ihr Mann, ein Prediger, sei ins Gefängnis gekommen. Folter. Acht lange Jahre der Trennung.

Schließlich gab es eine Ausreiseerlaubnis nach Israel. Aber als man erfuhr, dass sie Christen waren, wurden sie ausgebürgert. Im Rheinland hätten sie viele Jahre gelebt und seit fast zwanzig Jahren nun in Celle, wo sich ihr Mann vor dreizehn Jahren das Leben genommen habe. Das Schlimme: Bespitzelung und Verfolgung hätten nicht aufgehört. Überall gäbe es Mobbing!

Ich fragte: „Sie fühlen sich verfolgt ... noch immer?"

„Ich werde verfolgt. Alle wollen mir Böses. Sie sagen schlimme Worte gegen mich, und meine Haut brennt. Sie stehlen mir Kleider, Geld, Briefe. Stören meinen Fernseher. Ich kann nicht mehr. Sagen Sie mir: Wo soll ich hingehen?"

„Möchten Sie in eine andere Stadt, wo niemand Sie kennt?"

„Nein! Das kann ich nicht, ich bin eine alte Frau!"

Nach zwei Stunden meinte sie: „Was ich da erzählt habe, ist ja nur der Anfang. Hundert Tage könnte ich erzählen ... und wäre nicht fertig."

Ratschläge und Hilfe wollte Frau G. nicht, nur jemanden, der ihr zuhörte. Und das haben vor mir sicher schon viele andere getan.

„Ich fühle mich erleichtert", sagte sie, als sie aufstand um zur Bushaltestelle zu gehen. Ich begleitete sie.

Als wir auf den Bus warteten, meinte sie: „Was mir hilft, ist, dass ich jeden Morgen in den Psalmen lese. Ich liebe den 103. Psalm: ‚... der deinen Mund fröhlich macht, und du wieder jung wirst wie ein Adler ...' Und ich denke oft an meinen Taufspruch: ‚Fürchte dich nicht. Ich habe dich erlöst. Ich habe dich bei deinem Namen gerufen, du bist mein.'"

„Ja, ich liebe dieses Wort auch sehr. Da haben wir etwas gemeinsam! Gott kennt uns mit Namen, und er kann uns vor dem Bösen schützen, weil er stärker ist als das Böse. Er wird Sie behüten. Ich werde für Sie beten!"

Die Frau lächelte ein wenig. Es lag nun fast so etwas wie Frieden auf ihrem kleinen, unglücklichen Gesicht. Ich half ihr noch, bequemere Schuhe für die Rückreise anzuziehen, die sie in der Tasche bei sich hatte, und versprach, ihr zu schreiben.

„Manchmal", sagte sie, „braucht man es, wie eine Katze gestreichelt zu werden. Ohne das kann niemand leben."

Als ich zum Haus zurückging, dachte ich: Wie viel Glück kommt daraus, dass Gott uns mit Namen kennt. So ist niemand ganz verlassen in seinem Elend. Und wenn ich meine Besucherin gefragt hätte: „Hat Gott für Sie auch einen Namen?", dann hätte sie sicher gesagt: „Er ist einer, der mich kennt."

Und ich? Was würde ich antworten? Vielleicht dies: „Er ist ein Gott, der mich immer wieder überrascht, wenn er mit mir redet, mich erinnert, tröstet, mir etwas verspricht und Zeichen seiner Zuwendung gibt."

Vor ein paar Tagen habe ich etwas erlebt, das mich sehr tief berührt hat. Ellen war für einen Nachmittag zu uns nach Hamburg gekommen. Darauf hatte ich mich sehr gefreut. Wir tranken Kaffee und redeten über unsere Arbeit, die Kinder, über Zukunftspläne und alles Mögliche – wie man es eben tut, wenn man sich gut kennt, aber lange nicht gesehen hat.

Am Abend fuhr sie zurück. Es war ein herrlicher Tag. Ellen gehört zu den Menschen, die, wenn sie gehen, immer ein wenig von ihrer Herzlichkeit und Wärme, ihrem Lachen und Erzählen zurücklassen.

Als ich am nächsten Morgen in mein Zimmer kam, fiel mir etwas Merkwürdiges auf. Ich hatte ihr so nebenher meine gelben, würfelförmigen Amber-Perlen aus dem Jemen gezeigt, die auf der Kommode lagen, weil ich bisher nicht recht wusste, was ich damit machen sollte. Ellen hatte dann – ganz unbemerkt – aus diesen gelben Steinen ein Kreuz gelegt. Das Kreuz zeigte in die Richtung meines Arbeitsplatzes.

Welch eine schöne, wortlose Geste! Wir waren nun wieder getrennt, aber das Kreuz, Jesus Christus selbst, stand über uns beiden, würde uns begleiten und verbinden. So wie man ein Kreuz als Segenszeichen über Menschen schlägt.

Ich könnte diese Steine beiseite schieben, dann wären sie wieder nicht mehr als ein Farbelement, das zu den gelben Kerzen und dem Bild passte. Aber ich werde Ellens Kreuz liegen lassen und wie einen Schatz hüten. Kein Staubtuch wird ihm nahe kommen. Und wenn mein Blick darauf fällt, werde ich bitten: „Gott segne und behüte dich, liebe Ellen!“